딥시크
딥쇼크

딥시크

량원펑과 천재군단의 AI 전술, 미중 테크전쟁의 서막을 열다

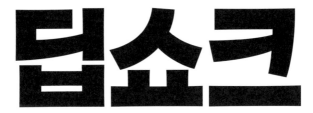

딥쇼크

이벌찬 지음

미래의창

딥시크, 예견된 충격

"갈 길이 멀고 험해도 나는 멈추지 않고 탐색할 것이다路漫漫其修遠兮,
吾將上下而求索."

'깊이 있는 탐색深度求索'이란 이름을 가진 중국의 AI(인공지능)
모델을 처음 접했을 때, 이 구절이 곧장 떠올랐다. 춘추전국시
대 초나라의 충신이자 중국 최초의 시인으로 알려진 굴원屈原의
대표작 '이소離騷'의 유명한 시구다. 정보를 찾고 답을 내는 AI
에게 꽤 낭만적인 이름을 붙였다는 생각이 들었다. 그러나 약
2,500글자로 이뤄진 시 전체를 읽어보면, 비장한 내용으로 점
철돼 있음을 알 수 있다. 굴원은 국가를 위해 일하고 싶은 마음

은 굴뚝 같지만, 간신들의 시기와 질투로 고통받았다면서 그럼에도 목숨을 걸고 이상을 실현하겠다고 말한다. 원대한 목표를 위해 목숨까지 바칠 준비가 된 충신, 딥시크도 국가에게 그런 존재가 되고 싶은 걸까.

깊이 있는 탐색을 영어로 번역하면 '딥시크^{deepseek}'가 된다. 2025년 1월 20일 중국 스타트업 딥시크는 새 AI 모델 'R1'을 공개했고, 7일 뒤 미국 증시는 엔비디아를 필두로 폭락하며 테크 업계가 요동쳤다.

설 연휴를 반납하고 2025년 1월 29일 서울에서 베이징으로 돌아온 이유는 단 하나였다. 세계를 뒤흔든 중국 AI 스타트업 '딥시크'의 실체를 현장에서 확인하고 싶었다. 김포 공항에서 베이징으로 향하는 비행기 안에서 12달러를 지불하고 와이파이를 연결해 쉴 새 없이 관련 내용을 찾아봤다. 량원펑은 중국에서 가장 정보가 적은 유명 기업인이었다. 1985년생, 고향은 광둥성, 유학 경험 없는 중국 대학 석사 출신, 2015년 퀀트 투자 펀드(컴퓨터와 수학 공식이 투자 결정을 내리는 펀드) 창업, 2023년 딥시크 설립. 그의 속내에 대해 알 수 있는 자료라곤 2023년과 2024년 중국 IT매체와 진행한 인터뷰 그리고 2019년 중국의 한 시상식에서 발표한 연설문이 다였다.

딥시크 딥쇼크

이토록 베일에 가려진 남자가 만든 생성형 AI 모델이 세계를 충격과 공포에 빠트렸다. 미국의 대對중국 기술 봉쇄를 극복했고, 혁신을 저해한다고 여겨지는 강도 높은 국가 통제 가운데 탄생했기 때문이다. 일론 머스크·샘 올트먼·젠슨 황에 이어 중국인 량원펑에게 귀를 기울여야 하는 시대가 도래했다는 판단이 섰다. AI에 대해 무지한 이들도 2016년 구글 딥마인드의 데미스 하사비스가 만든 '알파고'가 이세돌을 꺾은 사건은 알고 있듯, 2025년 1월에 딥시크가 엔비디아의 시가총액을 증발시킨 사건 역시 모두에게 '상식'이 될 것이다.

이 이야기를 꼭 독자들에게 하고 싶다. 딥시크 쇼크는 허구가 아니며 '예견된 충격'이었다. 딥시크가 고성능 AI 모델을 출시한 사건은 소셜미디어와 외신에서 '미스터리'로 그려지지만, 중국의 '기술 돌파' 전략을 살펴보면 일어날 수밖에 없는 일이다. 중국의 당과 정부는 사회주의식 거국 동원 체제(산·학·연 및 국민 총동원)를 통해 첨단 기술 혁신을 위한 인프라를 빠르게 건설하고, 그 위에 유연한 천재 스타트업을 선수로 내세워 미국의 대對중국 기술 봉쇄를 보기 좋게 뚫었다. 목표를 위해 국가 자원을 총동원하는 중국의 '경직성'과 젊은 천재를 최전선에 배치하는 '유연성'이 합쳐져 성과를 낳았다. '국가와 천재의 콜라보'

라고 할 수 있는 이 전략은 효과가 확인된 만큼, 향후 더욱 널리 쓰일 것이 분명하다.

딥시크 쇼크는 그래서 '딥쇼크'다. 일시적인 현상도, 우연히 등장한 것도 아닌 앞으로 늘 일어날 일의 시작점이기 때문이다. 딥시크의 등장은 미국이 장비와 기술의 수출을 통제해도 중국의 기술 굴기를 더 이상 막기 어렵다는 현실을 보여준다. 동맹국을 동원해 전방위 압박을 가했는데도 한계에 직면하지 않았는가. 중국은 이미 2023년에 구세대 노광 장비DUV로 7나노 반도체 생산에 성공했고, 자국 전기차, 배터리 산업에서 거대한 시장과 정부 지원을 등에 업고 첨단 기술력을 확보했다. 미국의 중국 견제에 따른 한국의 반사이익도 이제는 기대하기 쉽지 않다. 오히려 미국이 첨단 기술 영역에서 중국의 손발을 묶어놓을 것이란 기대가 우리의 눈을 가려 안주하게 하고 있다.

그래서 앞으로 무슨 일이 벌어질 것인가. 첨단 기술 확보에 성공한 중국은 미국과 분리된 새로운 세계를 구축하는 데 박차를 가할 것이다. 중국이 첨단 기술의 핵심 분야인 범용 인공지능AGI에서 미국의 대항마로 떠오른 만큼 '추격자'가 아닌 '개척자'로의 전환이 더 가속화될 수밖에 없다. 이미 중국은 수많은 기술 산업에서 미국에 대항하는 '중국 표준'을 만들고 있다. 중국의 베이더우(중국의 위성항법 시스템)와 미국의 GPS, 중국의 톈궁(우주정거장)과 미국의 ISS, 중국의 위챗페이(모바일 결제)와 미국의 비자카드를 떠올려보라. 향후 중국이 주도하는 진영과 미국이 이끄는 세계는 화연히 다른 기술 개발, 적용, 활용 규칙을 갖게 될 것이고, 각국은 모든 상품과 서비스를 '미국 버전'과 '중국 버전'으로 나눠서 제작하게 될 공산이 크다.

다만 격화된 G2(주요 2개국) 경쟁으로 인해 세계의 기술 발전은 그 어느 때보다 빨라질 것이다. 기존에는 미국이 만든 틀에서 공정을 최적화하는 데 전 세계 기업들이 초점을 맞췄지만, 중국이 이 틀에 도전하면서 파괴적인 혁신을 이뤄내는 기업들이 급증할 것이다. 딥시크가 '하드웨어 파워'로 대표되는 미국의 기술 혁신에 근본적인 의문을 제기하며 '소프트웨어 파워'로 돌파구를 만든 것처럼 말이다.

결국 딥시크의 등장이 우리에게 전하는 메시지는 이것이 아닐까. "두 개의 세계가 열리고 있다." 승자 편에 줄만 잘 서면 될 줄 알았는데, 이미 경제 기술 분야에서는 미·중 양국을 모두 상대하거나 주시해야 하는 골치 아픈 현실이 펼쳐지고 있는 것이다.

이런 사실이 의외인가. 실리콘밸리는 충격에 빠졌지만, 딥시크의 최대 '피해자'인 젠슨 황 엔비디아 최고경영자^{CEO}는 어느 정도 감지하고 있었다는 추측을 해본다. 도널드 트럼프 미국 대통령의 두 번째 취임식이 열리던 1월 20일에 그는 베이징에 체류하고 있었다. "중국은 세계에서 가장 위대한 시장"이라고 치켜세우며 "중국은 엔비디아를 '길러낸' 국가이며, 엔비디아와 중국 기술 산업은 함께 성장해왔다"면서 호의가 가득 담긴 말을 쏟아냈다. 그가 딥시크 쇼크를 예상했을지는 모르지만, 최소한 급변하는 세계의 흐름 속에서 더 이상 중국을 외면할 수 없다는 사실은 알고 있었던 것이다.

이 책은 허황된 말을 담기보다 딥시크를 만든 량원평을 상세하게 조명하고, 그 배후에 있는 중국의 전략을 구체적으로 소개하고자 노력했다. 특히 량원평의 어린 시절부터 딥시크 창업까지의 과정을 상세하게 담았다. 부랴부랴 량원평의 고향집으로 달려갔고, 그의 대학 후배와 회사 직원을 포함해 20명이 넘는 중국의 AI 및 투자 업계 관계자들을 인터뷰했다. 10년 넘게 신문사를 다니면서 짧은 시간 동안 많은 사람을 만나고 긴 글을 쓰는 것에 익숙한 터라 가능한 작업이었다. 4년차 베이징 특파원으로서 평소 가깝게 지냈던 중국인 친구들 대부분이 AI를 비롯한 기술 산업과 금융 업계에 종사하고 있던 것도 큰 행운이었다. 기술적인 내용을 해설해주신 김태헌 데이터 사이언티스트와 자료 조사를 맡은 이시은 씨의 도움도 컸다.

세계 곳곳에서 중국에 대한 경계심이 고조된 시점에 중국 기업을 조명하는 책을 내는 것이 부담스러웠던 것도 사실이다. 그러나 이 책을 읽고나면 딥시크가 오늘날 세계에 어떤 의미를 갖고 있는지, 중국의 첨단 기술은 어떻게 발전하는지, 중국 밖의 우리가 중국으로 인해 어떤 변화를 맞이할지 알게 될 것이다.

마지막으로 '딥시크 스토리'를 한국에 들려주고 싶은 내 조급한 마음을 이해하고 적극적으로 지지해준 출판사 '미래의창'에게 감사를 표한다. 이 책을 아내와 한국에서 살아갈 다음 세대인 딸 주현, 조카 재현에게 바친다.

2025년 2월,

베이징에서 이벌찬

차례

■■

Part 1 ▪ 량원펑과 천재군단

Part 2 ▪ 중국의 큰 그림

Part 3 ▪ AI 패권전쟁

Part 1

량원펑과
천재군단

DEEPSEEK
DEEPSHOCK

패닉

이름 모를 중국 회사가 미국의 첨단 기술 체제에 균열을 낼 것이라고 누가 짐작이나 했을까. 중국 항저우의 인공지능 스타트업 '딥시크'가 AI 모델(생성형 AI) 'R1'을 공개한 날은 2025년 1월 20일, 공교롭게도 도널드 트럼프 미국 대통령이 취임식에서 '압도적 AI 패권'을 강조하던 때였다. 트럼프는 취임 이튿날에 백악관에서 AI 기반시설 구축을 위한 '스타게이트 프로젝트'에 5,000억 달러(약 720조 원)를 투입하겠다고 공언했다.

이때만 해도 세계의 AI 판도는 트럼프의 재등장으로 미국의 헤게모니가 강화될 것이 확실했다. 그러나 일주일도 지나지 않아 딥시크의 이름이 미국 개발자들 사이에서 퍼지며 트럼프의 체면이 구겨지기 시작했다. '중국산 AI'에 대한 긍정적인 사용 후기가 늘어나고, 미국의 대 중국 반도체 제재를 돌파한 제조 과정이 알려지면서 미국 증시는 패닉에 빠졌다. 1월 27일 '반도체 대장주' 미국 엔비디아의 주가가 하루 새 17%나 폭락했다. 금액으로 따지면 삼성전자 시가총액(약 320조 원)의 두 배가 넘는 5,890억 달러(약 853조 원)가 '딥시크 쇼크'로 증발한 것이다. 딥시크의 등장으로 생성형 AI 개발에 더 이상 미국의 고사양 AI 반도체가 필수가 아니란 주장이 확산한 여파였다. R1은 급기야 애플 앱스토어 무료 앱 다운로드 순위에서 오픈AI의 챗GPT를 밀어내고 1위에 올랐다.

미국 테크 업계는 혼란에 빠졌다. 항저우의 작은 회사가 만든 우수한 AI 모델은 미국이 중국을 겨냥한 첨단 AI 반도체 수출 규제가 무용지물이란 점을 모두에게 일깨워줬다. 미국의 '중국 기술 봉쇄'가 한계에 이른 것이다. 실리콘밸리 벤처 캐피털리스트 겸 트럼프 대통령 자문인 마크 앤드레슨은 1월 26일 X(구 트위터)에 딥시크의 등장으로 인한 충격을 "AI의 '스푸트니크 순간'"이라고 기록했다. 냉전 시절, 소련이 1957년 세계 최초의 인공위성을 발사해 미국이 큰 충격에 빠졌던 때를 연상케 한다는 것이다. 1월 30일, 미국 싱크탱크 '애틀랜틱 카운슬 AC, Atlantic Council'의 멜라니 하트 선임고문은 상원 외교위원회 청문

회에서 "그들(딥시크)의 최고 엔지니어를 훔쳐오자"라고까지 말했다.

딥시크의 AI 모델이 미국 실리콘밸리를 뒤흔든 또 다른 이유는 '성능은 높은데 가격은 싸다'는 것이다. AI 성능을 비교하는 방식 중 하나인 '미국 수학경시대회AIME 풀이 정확도' 테스트에서 딥시크의 R1은 79.8%의 정확도를 기록해 오픈AI의 최신 모델인 o1(79.2%)을 앞섰다.[1] 또 국제적으로 통용되는 벤치마크(성능 평가 기준) 평가에서 딥시크의 모델은 21개 분야 가운데 상식·추론·정보추출 등 12개 항목에서 오픈AI 및 구글의 AI 모델을 앞섰다. 답이 명확히 정해진 분야에서는 딥시크가 미국의 AI보다 뛰어났다.

딥시크가 공개한 기술분석 보고서에 따르면, 이 회사는 R1의 전 단계 AI 모델인 'V3'의 훈련에 557만 6,000달러(약 80억 원)를 사용했다. 사전 연구 비용 등이 포함됐는지 논란은 있지만, 개발비를 단순 비교하면 오픈AI GPT-4 개발 추정 비용의 18분의 1, 메타 라마3 개발 비용의 10분의 1 정도만 썼다.[2] 'R1'의 개발비 또한 'V3'와 비슷하거나 다소 높을 것으로 추정된다. AI 개발을 위해 AI 반도체 구매에 천문학적인 돈을 투입했던 구글·메타 등 빅테크가 한순간에 무안해졌다.

연금술을 부린 딥시크는 막 걸음마를 뗀 신생 회사였다는 점이 더욱 충격이었다. 2023년 7월 중국 저장성 항저우시에 자본금 1,000만 위안(약 20억 원)으로 설립됐고, 약 1년 만에 세계 최고 수준의 AI 모델을 만들어냈다. 딥시크의 AI 모델은 쉽게 말하면 사람처럼 생각하고 답하는 챗봇이다. 오픈AI의 챗GPT처럼 다양한 질문에 답할 수 있고, 영어·중국어·한국어 등 50여 개 언어를 사용한다. 보통의 사용자는 딥시크 앱을 다운로드받아 무료로 사용하면 되고, 기업들은 비용을 내고 딥시크가 클라우드 기반으로 지원하는 AI를 자사 서비스에 연결해 '두뇌'로 삼을 수 있다. 전 세계를 들썩거리게 만든 이 회사의 창업자는 겨우 40세의 량원펑梁文锋이었다.[3]

이후 며칠 동안 세계에서는 딥시크를 겨냥해 '개발비를 축소 발표했다', '고성능 AI 반도체를 몰래 사용했다', '미국 AI 모델의 데이터를 도용했다' 등의 의혹이 제기됐다. 그러나 한 가지 부인할 수 없는 사실이 있었다. 중국산 AI가 어쨌든 우수했다는 것이다.

딥시크는 AI 전쟁의 새 막을 열어젖힌 신호탄이었다. 미국과 중국의 거대한 기술 경쟁이 새로운 국면을 맞이했다. 2020년부터 집요하게 이어진 미국의 대중국 반도체 봉쇄가 무력화되고, 중국이 미국과 어깨를 나란히 하며 'AI 기술 경쟁'이란 링 위에 올랐다. 하드웨어 파워(미국)와 소프트웨어 파워(중국), 민간 기업 주도 경제(미국)와 국가 주도 경제(중국), 자유주의 사회(미국)와 전체주의 사회(중국), 글로벌 인재 풀(미국)과 천재 군단(중국)이 정면으로 맞붙었다.

무엇보다 딥시크의 AI 모델은 인터넷 시대에서 '중국은 폐쇄, 미국은 개방'으로 요약됐던 경쟁 공식을 뒤집었다. 만리방화벽을 세우고 해외 인터넷 사이트를 차단하며 중국판 유튜브(비리비리), 인스타그램(샤오훙수), 구글(바이두), X(웨이보)를 만들었던 중국이 자국 AI를 '오픈소스'로 글로벌 시장에 풀었다. 미국 오픈 AI가 '클로즈드' 모델을 출시하는 것과 정반대의 전략

중국의 딥시크 vs. 미국의 오픈AI

	딥시크	오픈AI
창업자	량원펑(40세)	샘 올트먼(40세)
미국 수학경시대회 AIME 풀이 정확도	79.8% R1 (2025년 1월 20일 출시)	79.2% o1 (2024년 9월 출시)
개발 비용	558만 달러(모델 V3)	1억 달러(추정)
사용된 반도체	엔비디아 저사양 칩 H800 2,048개	엔비디아 고성능 칩 H100 1만 개 이상(추정)
공개 방식	오픈소스	클로즈드

이다. 오픈소스는 소프트웨어 소스 코드를 투명하게 공개하는 방식을 말한다. 누구나 검증이 가능하며, 개발사들은 설계도를 자유롭게 베끼고 수정하여 배포할 수 있다. '적은 돈으로 고성능 AI를 만드는 법'을 전 세계에 공유하여 기술이 낙후한 국가들에게도 얼마든지 기회가 있다는 것을 보여준 셈이다. 통제와 폐쇄 체제를 대표하는 중국이지만, 당장 급한 것은 '기술 돌파'였기에 딥시크가 승부수를 띄운 것으로 보인다.

나는 며칠 동안 딥시크와 관련된 자료와 창업자 인터뷰를 모조리 읽고, 베이징의 인맥을 총동원해 이 회사에 대해 아는 사람들을 수소문했다. 2월 1일에는 딥시크의 창업자인 량원펑의 고향인 광둥성 미리링촌米歷嶺村으로 가는 비행기에 몸을 실었다. 그동안 수많은 중국의 기술 회사가 세간의 호들갑 속에서 반짝하다 사라졌지만, 딥시크는 다르다는 확신이 있었다.

비행기 좌석에 앉아 이륙을 기다리는 동안 미국과 중국의 핵심 AI 모델을 잠깐 테스트해봤다. 6개의 AI 모델에게 던진 공통 영어 질문은 "2025년 뱀의 해는 무슨 색깔의 해일까?"였다. 극도로 쉬운 질문이지만 그 안에는 트릭이 있다. '청사靑蛇의 해'라는 정보는 쉽게 찾을 수 있지만, '청'은 보통 영어로 파란색blue이라고 번역되기 때문이다. 그러나 2025년은 을사년乙巳年으로 '을'은 녹색을 상징하고 '사'는 뱀을 의미한다. 미국의 챗

GPT(오픈AI)와 퍼플렉시티(퍼플렉시티AI), 제미나이(구글), 중국의 딥시크와 더우바오(틱톡 모회사 바이트댄스), 키미(문샷AI), 원신이엔(바이두)의 답변을 쭉 살펴보니 GPT 4o와 딥시크 R1 그리고 더우바오의 답이 초록색^{green}으로 정확했다. 다른 AI 모델들은 기계적으로 '파란색'이라고 답하거나 동문서답을 했다. 간단한 질문인데도 정보를 스스로 가려내 옳고 그름을 판단하는 능력에서 차이가 드러난 것이다. 무엇보다 딥시크는 생각하는 과정인 '추론'을 문자로 자세하게 풀어서 써주는 점이 눈에 띄었다. 속내를 알 수 없어 '블랙박스'라고 불리는 AI가 뇌를 투명하게 드러내니 답변의 정확도를 검증하기 쉬웠다.

외딴 마을의 축제

창업자 량원평의 고향이 내 예상보다 훨씬 외진 시골이라는 사실을 알게 된 후 딥시크가 더욱 흥미롭게 느껴졌다. 광둥성 시골 마을 출신의 젊은 사업가는 어떻게 세계를 뒤흔든 AI 모델을 개발하게 되었을까. 그는 미·중 AI 패권전쟁을 알리는 총성을 자신이 울렸다는 사실을 알았을까. 역사의 변혁이 불러내는 사람의 특징 중 하나는 의외의 곳에서 나타난다는 것이다. 그리고 보통의 시대라면 절대 올라오지 못할 높이에 서게 된다.

지극히 작은 농촌 마을 미리링촌. 중국판 네이버인 바이두에 검색해도 정보가 나오지 않는 이곳에 가기 위해 2025년 2월 2일 중국의 4대 도시인 광저우의 기차역에서 새벽 6시 10분 첫

차를 탔다. 3시간을 달려 5선五線(중국 도시의 최하위 등급) 도시 우찬吳川에 내린 뒤 헤이처黑車(불법 택시)를 타고 구불구불 비포장 시골길 19킬로미터를 한 시간 달린 끝에 마을 어귀에 도착했다. 바이화白話(광둥어의 사투리)밖에 쓸 줄 모르는 마을 주민을 붙잡고 휴대폰 화면에 쓴 주소를 보여줬더니 여기가 맞다며 고개를 끄덕였다. 얼마나 외딴 곳인지 주소가 한없이 길었다. '광둥성省 잔장시市 우촨시市(현급시. 중국의 시는 4개 등급으로 나뉘는데 그중 최하등급이다) 탄바진鎭 미리링촌村'

마을의 '청년 대표'인 량원펑의 사촌형 량원푸는 이 마을이 "약 10만 제곱미터의 부지에 70가구 1,000명의 주민이 사는 량梁 씨 집성촌이고, 1인당 월소득이 1,000위안(약 20만 원)이 되지 않는 가난한 곳"이라고 했다. 역사도 오래되지 않았는지 주민들은 량원푸의 '원文'에 앞선 항렬자로 '태泰', '화華'를 언급하고는 입을 다물었다. 량원펑은 2024년 중국의 IT 매체 인터뷰에서 "나는 1980년대에 광둥성의 5선 도시에서 자란 아이고, 아버지는 초등학교 교사"라면서 "1990년대 광둥성에서는 돈 벌 기회가 정말 많았기에 어른들이 우리 집에 와서 '공부가 무슨 소용이냐'라고 말하곤 했다"고 회상했다. 자신을 '개천용(개천에서 난 용)'이었다고 묘사한 것이다.

량원펑은 춘제(중국 설) 연휴 이틀을 마을에서 보낸 뒤 떠났지만, 잔치는 계속되고 있었다. 사촌형 량원푸는 질문을 퍼붓는 필자를 마을 한 가운데 설치된 천막 무대에 밀어 넣고 마이크를 쥐어줬다. 덩리쥔의 노래 두 곡을 완창하는 '신고식'을 치른 뒤에야 분위기가 부드러워지며 조용하게 대화를 나눌 수 있는 마작실에 들어갈 수 있었다. 량원푸는 팔뚝 크기의 죽통 물담배를 피우며 "이번 춘제 연휴에 량원펑과 함께 축구를 했는데 그는 침착한 성격을 살려 미드필더를 잘 해냈다"면서 운을 뗐다. 그러면서 "량원펑은 그의 아버지처럼 술도, 담배도 하지 않는다. 축구도, 기타도 다 적당히 하는데 유일하게 열정을 불태웠던 게 수학이다. 그가 15살 때 집에서 기하학과 대수 책을 게걸스럽게 읽고 있는 모습을 본 적 있다"고 했다.

그는 30대 초반부터 투자회사를 운영한 사촌 동생에 대해 "마을에서 그 누구도 량원펑이 그렇게 돈이 많은 줄 몰랐고, 그저 대도시에서 자리 잡아 산다니 다행이구나 여겼다"면서 "(1월 전문가 간담회에서) 리창 총리를 만나고, 미국 뉴스에 나오는 사람일 줄 알았겠느냐. 이번 설연휴 때 집에 와서도 기술이나 돈 얘기는 안 하더라"고 했다.

량원펑은 이미 마을을 넘어 국가적인 영웅으로 떠오르고 있었다. 이날 미리링촌으로 몰려든 인근 지역의 관광객 수백 명에게 "량원펑을 통해 무엇을 배웠나"라고 묻자 "공부가 운명을 바꾼다讀書改變命運"라는 답이 반복해 돌아왔다. 트럼프의 백악관 귀환으로 시작된 2차 미·중 기술 전쟁을 앞두고 중국은 전 국민 '기술 천재 만들기'에 박차를 가하는 중이었는데, 량원펑은 더 없이 훌륭한 홍보 모델이었다.

선전시에서 대학생, 중학생 아들을 데리고 다섯 시간 동안 운전해서 왔다는 40대 남성은 "오는 길에 후이저우에서 로봇·우주 전시를 먼저 보게 한 다음 정신 무장을 위해 이곳을 마지막으로 왔다"고 했다. 옆 마을에서 남편과 형부 가족을 줄줄이 끌고 온 40대 여성 허 씨는 "결국 공부가 삶을 바꾼다는 걸 조카에게 꼭 알려주고 싶었다"고 했다. 충칭에서 온 60대 장 씨는 애국을 강조하면서 "딥시크를 배출한 중국은 비로소 (어려움을 딛고) 일어났고, 강해졌다"고 말했다. 또한 톈진이공대학교 정보학과 재학생인 류 씨는 "량원펑은 이상理想이 기술과 만날 때 '과기위국科技爲國(국가를 위해 기술 연구)'이 실현 가능하다는 것을 보여줬다"면서 "이제 중국은 인해전술을 벗어나 개개인이 탁월해져야 한다"고 했다.

마을 입구에 설치됐던 아치형 대형 풍선 위 문구도 "원펑이 고향에 돌아와 훌륭한 성과를 알리며 마을을 부흥하게 한다"였다. 량원푸는 "이곳은 주변 마을 크기의 5분의 1 수준인데다, 인구도 적고 땅도 나빠 젊은이들은 일찌감치 외지로 나가 건설,

인테리어, 자재 등 몸 쓰는 업종에 주로 종사해왔다. 그런데 진득하게 공부만 하던 애가 이 마을을 넘어 잔장시(마을이 속한 도시) 최고 부자로 등극한 모습을 보니 모두 얼마나 놀랐겠는가"라고 말했다.

공교롭게도 량원펑은 2024년 한 언론 인터뷰에서 "앞으로 중국에서 단단한 창조創新가 더 많아져야 한다. 창조를 해낸 사람이 성공하고 명예를 얻으면 집단의 사고 방식이 달라질 것이다"라고 했다. 그런데 1년도 되지 않아 그의 말이 고향에서 현실이 되고 있었다. 참고로 그가 '단단한 창조'를 언급하며 사용한 단어는 '경핵硬核'이다. 직역하면 딱딱한 핵심이란 뜻인데, 중국어에서 하드코어 펑크 음악을 가리킬 때 주로 '경핵' 펑크라고 한다. 극단적으로 어려운 일에 도전하여 호두 껍질이 아닌 알맹이를 취할 수 있어야 한다는 의미를 담고 있다.

놀라운 성과

"효율성을 개선해주는 혁신은 반가운 일이다." - **팀 쿡, 애플 CEO**

"(딥시크의) 오픈소스 방식이 글로벌 스탠더드로 자리 잡고 있다."

- **마크 저커버그, 메타 CEO**

"딥시크 팀은 매우 훌륭하고 좋은 성과를 냈다."

- **순다르 피차이, 알파벳(구글) CEO**

"좀 더 간소한 언어 모델이 필수적이라는 점을 보여줬다."

- **아르빈드 크리슈나, IBM CEO**

경쟁자인 실리콘밸리의 빅테크들조차 딥시크를 폄하하지 못했다. 애플과 메타는 딥시크의 등장이 산업 발전에 도움이 됐다는 사실을 인정했다. 팀 쿡 애플 CEO는 딥시크의 등장에 대해 "효율성을 높여주는 혁신은 반가운 일"이라고 했으며, 마크 저커버그 메타 CEO는 "그들이 중국에 있는 경쟁자인지 아닌지와 상관없이 누군가 앞서나가면 다른 기업들이 그로부터 배우는 게 테크 산업의 본질"이라고 했다. 사티아 나델라 마이크로소프트MS 최고경영자CEO는 "딥시크는 진정한 혁신을 이뤄냈다. 오픈AI가 (추론 강화형 모델인) o1모델을 내놓은 것에 버금가는 성취"라고 했다. 순다르 피차이 알파벳(구글) CEO도 "딥시크 팀은 매우 훌륭하고 좋은 성과를 내고 있다"고 평가했다.

량원펑은 기존의 AI 개발 문법을 뒤집은 혁신가로 인정받고 있었다. 딥시크의 훈련 과정에서는 인간을 최대한으로 배제한 순수 강화학습GRPO, Group Relative Policy Optimization 방식을 사용하고, 모델 구조에서는 전문가 혼합MoE, Mixture of Experts 기법을 적극 이용했다.

GRPO는 아주 쉽게 설명하면, 사람이 직접 양질의 '정답'을 만들어 입력하는 대신 AI 모델이 여러 개의 답에 대해 가장 적합한 것을 채택하는 학습 방식이다. 사람의 개입이 줄면 개발 비용은 당연히 줄어들고, 더 빨리 많은 답을 만들어내게 된다. 챗GPT에서 사용하는 '인간 피드백을 활용한 강화학습RLHF, Reinforcement Learning from Human Feedback 기법은 인간이 답(평가 모델)

을 먼저 제공하고 그것을 AI가 배우게 했다. 전문가 혼합 모델 구조는 AI 모델을 여러 파트로 쪼개서 각각을 특정 분야 '전문가'로 키우는 방식을 사용한다. 훈련을 시킬 때는 각 파트를 따로 가르치면 되고, 답을 도출할 때는 필요한 파트만 활성화하면 되니 훈련과 가동 두 가지 과정에서 모두 유리했다.

읽고 말하는 법에도 혁신적인 변화가 있었다. 딥시크의 AI 모델은 '통문장 독해법'이라고 할 수 있는 다중헤드 잠재 어텐션MLA, Multi-Head Latent Attention 방식을 도입했다. 기존 미국 AI는 문장을 단어로 쪼개고, 각 조각에 대해 여러 번 어떤 부분이 중요한지 파악했다. 그러나 딥시크는 문장을 한 번에 읽을 수 있어 '독해 속도'가 빨랐다. 또한 딥시크는 답할 때 '힘 조절'이 가능하게 설계됐는데, 질문에 따라 8비트짜리 답변과 32비트짜리 답변을 오갔다. 8비트는 영어 알파벳과 간단한 기호 정도를 담을 수 있는 크기의 답변이고, 32비트는 다양한 외국어와 이모지 등을 담은 정밀한 답을 낼 수 있다.

딥시크의 AI가 미국 빅테크 AI와 다른 점

훈련 방식: 사람의 개입 없이 기계가 알아서 정답을 찾는다(순수 강화학습 GRPO).

모델 구조: AI 모델을 여러 파트로 쪼개서 '전문가'로 훈련시키고, 가동할

때는 관련 파트만 활성화해 빠르게 대답한다(전문가 혼합^{MoE}).

읽고 답하는 기법: '통문장 독해법'으로 읽는 속도를 높인다(다중헤드 잠재 어텐션^{MLA}). 간단한 답(8비트)과 정밀한 답(32비트)을 오가며 '힘 조절'이 가능하다.

오픈AI와 다르게 오픈소스 전략을 취한 것도 이목을 끌었다. 사실 오픈소스는 약자의 전략이라기보다 야심가의 전략이라고 할 수 있다. 삼성전자의 스마트폰에 쓰이는 운영체제인 안드로이드가 대표적인 오픈소스고, 페이스북이나 아마존도 힘들게 만든 소프트웨어를 공개한다. 딥시크도 시장에서 경쟁자를 밀어내고 추월의 기회를 확보하고자 수익을 희생하고, '독자적인 생태계'를 조성한 것으로 보인다.

딥시크의 놀라운 성과들이 하나둘 수면 위로 드러나면서 량원펑은 순식간에 전 세계에서 가장 유명한 사람이 됐다. 중국 매체뿐 아니라 외신들도 그를 찾아 헤맸고, 그가 졸업한 대학인 저장대학교의 교우회 관계자는 나에게 "돈을 싸들고 와서 량원펑을 만나게 해달라는 투자자가 100명이 넘는다"라고 말했다.

베일에 싸인 영웅

세계 AI 산업 판도에 충격을 준 딥시크의 창업자 량원펑은 떠벌리기 좋아하는 일론 머스크와는 달랐다. 승전 소감을 밝히며 언론에 적극적으로 모습을 드러낼 법도 한데, 오히려 숨어 버린 것이다. 언론과의 인터뷰는 없었고, 그를 찾는 이메일이나 전화에도 일절 응답하지 않았다. 고향 방문 일정마저 축소했다. 2025년 2월 초 베이징에서 만난 량원펑의 지인은 "원래부터 언론 노출을 꺼리던 사람이었는데 지금은 국가적으로 보호받는 인재가 되어 언론과 투자자들을 피하고 있다"면서 "얼마 전 그를 만났는데 '딥시크의 혁신은 이제 겨우 시작됐는데 외부에서 호들갑을 떨어 귀찮다'는 식으로 말하더라"고 했다.

많은 언론들이 40세인 그가 미국 등 서구사회에는 거의 알려지지 않은 인물이라고 하는데, 그것은 중국에서도 마찬가지다. 량원펑은 2025년 1월 20일 중국의 2인자인 리창 총리가 주재한 전문가 좌담회에 유일한 AI 산업 리더로 참여하기 전까지만 해도 엄청난 재산과 경력에 비해 존재감이 없었다. 그의 모교인 저장대학교의 위챗(중국판 카카오톡) 단톡방에도 추측과 소문만 난무할 뿐, 직접 어울렸던 이의 '증언'은 극도로 적게 올라왔다. 딥시크의 경쟁사 소속인 중국 기술 업계 인사는 량원펑에 대해 "속은 마윈(하고 싶은 말 다 하는 알리바바 창업자), 겉은 마화텅(절제 전략을 쓰는 텐센트 창업자)"이라고 평가했고, 그의 대학 후배는 "CEO(최고경영자)보다는 기술자, 책벌레書呆子보다는 괴짜"라고 말했다.

실제로 량원펑은 중국 안팎의 공식 석상에 등장한 적이 거의 없다. 베일에 싸인 그의 이력을 반영하듯, 중국 안팎의 일부 매체는 딥시크가 유명해지자 동명이인인 중국인을 딥시크 창업자의 사진으로 잘못 사용하기도 했다. 말끔한 양복 차림으로 팔짱을 낀 채 정면을 응시하고 있는 '가짜 량원펑'은 중국 광둥성 포산시의 한 건축자재 회사의 임원으로 알려졌다. 이를 두고 로이터통신은 "중국 건축자재 회사 임원의 사진이 하루 아침에 유명해졌다"고 전했다.

딥시크 딥쇼크

량원펑의 '로우키low-key(이목을 끌지 않도록 절제하는 방식)' 전략은 보잘 것 없는 자신의 출신을 가리기 위한 의도적인 보호막일 수도 있다. 량원펑을 흔히 유학파가 아닌 중국의 '토종' 기술 인재라고만 묘사하는데, 더 자세히 설명하자면 중국 안에서도 가장 낙후한 농촌 출신이다. 그러나 초등학교 교사 부부인 부모의 교육열 덕분에 초등학교 시절부터 도시로 학교를 다녔고, 초등학교 6학년 때는 잔장시 명문인 우촨제1중학교吳川-中에 조기 입학했다. 그는 공부를 압도적으로 잘하는 학생이었는데, 중학교 때 이미 고등학교 수학 과정을 마치고 대학 수학까지 손댔다고 한다.

2025년 2월 2일 미리링촌에서 만난 량원펑의 고향 친구들은 그가 공부에 열심이었다고 기억하고 있었다. 이날 방문한 우촨제1중학교는 마을에서 12킬로미터 떨어져 있었는데, 학교에는 농구 골대만 8개가 나란히 서 있고, 큰 건물 3개가 디귿자를 그리고 있었다. 일대 우수 학생들을 모조리 흡수한 이곳에 조기 입학한 량원펑은 어린 나이에도 전교 최상위권을 유지했다.

광둥성 잔장시정부판공실广东省湛江市人民政府新闻办公室의 웨이보(중국판 X) 계정에 따르면, 량원펑은 중학교 때 고등학교 수학 과정을 끝마쳤고 일부 대학 과정도 익혔다고 한다. 중학교 담임이었던 룽龚 씨는 "그는 수학 사고력이 매우 뛰어났으며, 조용한 성격이었지만 단순한 '공부벌레'가 아니었다. 공부와 휴식의 밸런스를 중요하게 여겼고, 적은 시간을 들이고도 모든 괴목을 완벽하게 이해하는 능력이 있었다"고 했다.

량원펑의 친척들에 따르면, 그의 가오카오(중국 대학입시) 성적은 900점 만점에 816점으로 우촨시(잔장시 관할 소도시) 1등이었다. 그해 베이징대학교와 칭화대학교의 이과 커트라인은 각각 807점, 805점이었다.[4] 그럼에도 그가 중국 3위 대학[5]인 저장대학교 컴퓨터공학과에 들어간 이유는 당시 선지망, 후시험 제도가 시행되었기 때문이다. 결과적으로 그의 출신 학교 덕분에 이후 리창 중국 총리와 만날 수 있는 기회를 얻었으니 나쁘지 않은 선택이었다고 할 수 있다.

미리링촌 주민들에게 기적과도 같은 존재였던 량원펑은 수십 년이 지난 지금도 '장원狀元(1등)'이란 별명으로 통한다. 그가 딥시크로 유명해지자 마을 주민들은 하루 수천 명씩 몰려오는 관광객을 상대로 '장원'이란 이름을 붙인 음료를 한 병에 5위안(약 1,000원)씩 팔았다. 마을의 밭마다 '장원 채소'란 종이 팻말이 세워졌고, 닭날개 꼬치도 붉은색 종이에 싸서 팔면 프리미엄이 붙었다. 타지로 시집갔던 량원펑의 40대 고모뻘 친척도 어린 자녀들을 주렁주렁 데리고 돌아와 마을 한가운데 매대를 차려 '량원펑 특수'를 누렸다.

역적의 후손

방문객들이 쉴 새 없이 인증샷을 남기던 량원평의 고향집은 마을에서 가장 번듯한 집이었다. 마을 주민 A씨는 "약 5년 전쯤에 량원평의 지원으로 새로 지은 4층짜리 집인데, 1층에는 90대 할아버지, 2층에는 고모네 가족, 3층에는 삼촌 가족이 산다"면서 "량원평의 부모는 도시의 초등학교 교사 부부로 오래전부터 마을을 떠나 인근 도시에 살고 있고, 효심이 지극해 아버지를 보러 자주 온다"고 일러줬다. 량원평은 매년 마을로 돌아올 때마다 악기실로 꾸며진 4층에서 친척들과 같이 기타를 연주하고, 노래를 한다고 한다. 량원평이 기혼이고 어린 자녀를 두고 있으며 형제가 있다는 사실도 알게 됐지만, 직계 가족에 대한 내용 공개를 꺼리는 량원평 측의 입장[6]을 고려해 이 책에서는 상세히 적지 않으려고 한다.

새해를 맞아 량원평 고향집 문에 붙인 '춘롄春聯(문이나 기둥에 써 붙이는 글귀)'의 글귀에는 부富의 기운이 넘쳐 흘렀다. 가로로 붙인 종이에는 '성대한 복의 기운鴻福'이라고 적혀 있었고, 아래 두 줄은 '성대한 복을 맞이하며 가족이 잘 되고 돈이 넘치길. 새 봄을 맞이해 모든 일이 순탄하길'이란 문구였다. 1월 28일부터 이 집 문 앞에 관광객들이 몰려들었는데, 90대인 량원평의 할아버지는 문을 열어두고 관광객에게 인사를 건네곤 했지만 사람들이 너무 많이 찾아오자 나중에는 진절머리를 쳤다고 한다.

들뜬 잔치 분위기 속에서 한 가지 질문이 내 머리를 맴돌았다. 왜 량원평의 고향은 이토록 가난한가? 중국처럼 급속도로 발전한 나라에서 '개천용'이 이상한 존재는 아니지만, 그럼에도 낡은 벽돌집들이 즐비한 초라한 마을 풍경이 뭔가 이질감을 갖게 했다.

답을 찾게 된 것은 마을 주민들에게 집요한 질문을 던진 뒤였다. 량원평의 또 다른 사촌형 량원타오는 "할아버지 량타이시는 1930년대에 광둥성 최고 대학인 중산대학교를 졸업한 수재였지만, 평생 마을에서 살았다. 그러나 결국 훌륭한 DNA를 다음 세대에게 물려주셨다"고 했다. 나는 곧바로 질문을 이어

갔다. "백조부께서 그렇게 훌륭한 배경을 갖고 계셨는데, 왜 이렇게 작은 마을을 벗어나지 않았는가? 백조부는 대학 졸업 이후에 무엇을 하였는가?" 이 질문들에 대해 량원타오는 한동안 제대로 답하지 못했다. 그러다 량원타오가 휴대폰을 열어 사진으로 저장해둔 량씨 가문의 족보를 보여줬다. 마을의 비밀은 이곳의 '뿌리'와도 같은 인물인 량원펑의 백조부 '량타이시'에게 숨겨져 있었다.

> **량타이시**梁泰熙 1905년 9월 9일~1975년 11월 1일
>
> 중산대학교 졸업
>
> 동북군구區 부사령관 량화성梁華盛 비서
>
> 우촨제2중학교 교장
>
> 문학, 수학, 과학 재능이 출중하여 농사법 개량 등의 공적을 세웠음.

그는 중국 공산당에 맞서 싸웠던 국민당 소속 군인이었다. 족보에 기록된 내용을 보면, 1905년생인 량타이시는 국민당 동북군구 부사령관이었던 량화성(1904~1999)의 비서로 일했다. 량화성에 대한 기록은 쉽게 찾을 수 있는데, 한마디로 마오쩌둥이 이끄는 공산당의 군대를 집요하게 토벌했던 국민당의 유명한 장군이었다. 그에 대해서는 "1933년 9월, 국민혁명군 제

92사단 사단장으로서 중국공산당에 대한 5차 포위 공격에 참여했다"는 기록이 있다. 항일전쟁 기간의 국공합작이 끝나고 국민당과 공산당이 내전을 벌였을 때 량화성은 크게 패배하고 대만으로 떠났다. 공개 기록에는 "1948년 랴오선 전투에서 중국 인민해방군(중국공산당)이 승리하자 패배한 량화성이 선양을 잃고 남쪽으로 도망갔다"[7]고 적혀 있다. 결국 량화성은 1949년 중화인민공화국이 수립된 해에 대만으로 이주해 96세까지 그곳에서 살았다.

남겨진 량화성의 측근 량타이시는 줄을 잘못 섰던 비운의 사나이가 됐다. 중국 공산당이 미워하는 자의 부하였으니 엘리트 출신인데도 출세를 못했고, 작은 농촌 마을에 갇혀 살며 중학교 교장으로 생을 마감했던 것이다. 그러나 두뇌는 실로 뛰어났다고 한다. 그가 기하학에 뛰어나고, 쌀 농사 개량법을 만들어 유명 교육가 린리루 등으로부터 찬사를 받았다는 기록이 있다.

중국 공안은 량원평의 출신과 배경에 대해 지나치게 알려지는 것을 꺼려하고 있었다. '국가의 영웅'으로 떠오른 이가 알고 보니 '역적의 후손'이란 사실이 알려지는 것을 중국 지도부가 바라지 않았을 것이다. 그의 고향에도 '량원평 출신 함구령'이 내려졌다. 실제로 2025년 2월, 마을에서는 량원평을 칭송하는 현수막과 거대 아치형 풍선 설치물 등을 철거했고, 마을 사람들은 기자들의 인터뷰 요청을 피하기 시작했다. 마을의 50대 주민은 "마을 회의에서 국가를 위해 큰 공헌을 세운 량원펑에게 누가 되면 안 된다는 이유로 그에 대한 과도한 얘기를 삼가라는 지침이 내려졌다"고 말했다. 국가의 자랑인 그는 완전무결해야 하기에, 정보 차단이 이뤄지고 있었다고 본다.

천재소년의 공백기

─────────────────────────────────────

17세의 량원펑은 2002년 9월 '우촨시 가오카오(대학 입시) 장원' 타이틀을 달고 중국 명문대인 저장대학교에 입학했다. 컴퓨터 공학과 출신이라고만 알려진 량원펑에 대해 알게 된 새로운 사실이 있다. 바로 그가 들어간 학과는 이과생을 위한 '천재반'이었다는 것이다.

량원펑의 후배인 남방 지역의 투자업계 종사자는 "량원펑은 저장대학교에서 천재 학부생을 양성하는 특별반인 '주커전竹可楨 학원'의 3년 선배였다. 남방 사람이 17살에 대학에 들어오는 건 그렇게 대단한 일은 아니었지만, 중국 최고 대학교의 천재반에 들어갔다는 건 그가 보통 사람이 아니란 얘기"라고 했다.

주커전 학원의 전신은 1984년에 설립된 저장대학교의 우수 창신創新 인재 육성학과인 '공과 혼합반'이다. 2000년, '구시求是' 교육 사상을 강조한 중국의 과학자(기상학자)이자 교육가인 주커전의 이름을 따서 '주커전 학원'으로 바뀌었다. 학원 산하에는 이과, 공과, 문과 3개의 줄기를 두고 있다. 각 반에는 국가급 교수, 교육 공헌상을 받은 이들이 지도 교수로 배정된다. 량원펑의 후배는 "250명 정도의 학생들이 주커전 학원 소속이었고, 한 반은 20명 정도의 소수로 구성돼 정예 교육이 진행됐다"고 했다. 중국에서 베이징대학교(투링반), 칭화대학교(야오즈반) 등 명문대들은 주커전 학원 같은 천재반을 따로 운영하는데, 일반적인 교육으로는 천재를 제대로 키울 수 없다고 보기 때문이다.

량원펑은 주커전 학원의 공과반을 선택했다. 이과가 공과 과정보다 인기가 높았는데, 당시 량원펑은 기술 응용에 관심이 많았기에 공과를 고른 것으로 알려졌다. 량원펑은 학원의 지침에 따라 1년 동안 세부 전공을 정하지 않고, 심도 있는 이공계 교육을 전방위로 받았다.

여느 주커전 학원의 학생들처럼 량원펑은 대학교 2학년 1학기가 되어 세부 전공을 골랐다, 그가 선택한 전공은 컴퓨터공학으로 알려진 '전자정보 엔지니어링' 학과였다. 량원펑의 후배는 "반도체 등을 설계하는 방법을 배우는 등 하드웨어 관련 교육이 주를 이루는 학과"라고 평가했다. 량원펑은 학사 졸업 이후 같은 학교에서 석사 과정을 밟을 때는 소프트웨어 분야를 공부하는 '정보와 통신 엔지니어링' 전공을 선택했다. 기술 분야에서 하드웨어에 대한 관심이 소프트웨어로 옮겨간 것이다.

그가 저장대학교에서 2010년 5월 발표한 석사학위 논문은 감시카메라 추적 알고리즘 개선에 관한 내용으로 제목은 〈저가 PTZ 카메라(상하좌우 회전과 확대가 가능한 카메라)의 안정적인 목표물 추적 알고리즘〉이다. 그는 이 논문에 AI의 '눈'에 해당하는 컴퓨터비전을 연구한 결과물을 담았다. 당시는 AI에 대한 테크 업계의 관심이 크지 않을 때였기에 량원펑이 남들보다 앞서 AI 기술의 발전 흐름을 읽었다고 평가하는 이들이 많다. '저비용·고효율'이 이때부터 그의 주요 관심사였던 것도 흥미롭다.

그런데 그의 논문[8] 이력을 보면 이상한 '공백기'를 발견할 수 있다. 량원펑의 학부 교육 기간은 '2002년 9월~2006년 6월'이고, 대학원 재학 기간은 '2007년 9월~2010년 5월'이다. 학사와 석사 사이에 1년의 공백이 있고, 석사 학위 획득도 일반적인 경우보다 1년 정도 늦다. 이러한 공백기는 량원펑 같은 천재들에게서는 보기 어려운 이력이다. 량원펑의 후배는 "'주커전 사람들'은 학부 졸업 후 곧장 취업하거나 '바오쑹(시험 없이 특별 입학)'으로 석박 과정을 밟았다"면서 "지금도 그렇지만, 당시 중국

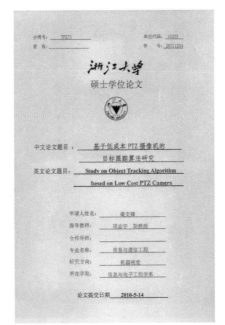

량원펑이 2010년에 발표한 논문 표지. 〈저가 PTZ 카메라(상하 좌우 회전과 확대가 가능한 카메라)의 안정적인 목표물 추적 알고리즘〉

에서 천재들에게 이력 공백이 생길 일은 없었다"고 했다.

펀드계의 수퍼스타

량원평은 이공계 천재로서 남들이 가지 않는 길을 걸었다. 저 장대학교 재학 중에 금융 시장에 깊은 관심을 갖게 된 것이다. 저장대학교 출신 IT 업계 관계자는 "량원평은 대학원생이었던 2008년 글로벌 금융 위기 시기에 같은 학교 학생들과 팀을 이 뤄서 퀀트 투자를 시도했다"고 말했다. 퀀트 투자법은 기업 보 고서 분석 같은 전통적인 방법이 아니라 수학 및 통계학에 기반 해 주가 흐름을 예측하는 방식이다. 량원평이 학사에서 석사로 넘어가기 전의 1년(2006년 6월~2007년 9월)의 공백은 첨단 기술 을 이용한 투자법을 스스로 연구하는 기간이 아니었을까. 다만 량원평의 지인은 "그가 학부 졸업 후 마음에 드는 직업을 구하지 못한 걸로 안다. 당시는 인터넷 플랫폼의 시대였고, AI 천재에게 매달 1만 위안(약 200만 원) 정도를 받는 월급쟁이의 삶은 무의미했을 것이다"라고 말했다.

그러나 23살의 량원펑이 선택한 퀀트 투자는 쉬운 길이 아니었다. 수학과 통계라는 무기는 투자업계에서는 낯설고 새로운 문물이었고, 많은 사람들이 "과연 그런 방식으로 큰 돈을 벌 수 있느냐"고 되묻곤 했다. 그러나 그가 대학원을 졸업하기 한 달 전인 2010년 4월, 중국 선물 거래소에서 후선滬深 300지수(상하이와 선전증시의 우량주로 구성된 지수)를 기반으로 하는 선물 상품이 처음으로 출시됐다.[9] 중국 증시가 고도화되면서 '퀀트 투자의 봄'이 도래한 것이다. 쓰촨성 청두시의 저렴한 월셋집에서 고전하던 량원펑과 그의 팀은 2010년 한 해 동안 투자금을 5억 위안(약 1000억 원)까지 불렸다.[10] 량원펑의 후배는 "량원펑이 대학원을 졸업한 해에 정확히 얼마를 벌었는지 알지 못하지만, 그가 첫 창업을 할 때 자본이 넉넉했다는 사실은 알고 있다"고 했다.

28살의 량원펑은 2013년 주커전 학원의 동문인 쉬진徐進과 함께 저장성에서 항저우야커비투자회사를 창업했다. 첫 창업부터 '호우지시절好雨知時節(좋은 비는 때를 알고 내린다)'이란 말이 들어맞는 시황이 벌어졌다. 회사 설립 직후인 2014년부

터 중국 증시 상승장이 지속되면서 상하이지수가 2014년 3월
의 1,974포인트에서 2015년 6월 5,178포인트까지 치솟았다.
482일 동안 이어진 이 기간을 중국에서 '제8차 상승장第八次牛市'
이라고 부른다.

중국 증시 활황이 정점을 찍은 2015년 6월, 량원펑은 거대
한 성공을 가져다준 퀀트 투자회사 '환팡량화幻方量化'를 설립한
다. 환팡량화는 AI 등 첨단기술을 활용해 투자하는 헤지펀드(다
양한 자산 투자로 고수익을 추구하는 펀드)다. 저장주장자산관리유한
회사浙江九章资产管理有限公司(2015년 설립)가 메인이고, 닝보환팡량화
투자관리파트너회사宁波幻方量化投资管理合伙企业(2016년 설립)와 홍콩
하이플라이어High-Flyer Capital Management(2019년 설립) 등을 거느린
그룹사라고 할 수 있다.[11]

환팡량화는 설립 이듬해인 2016년 10월 21일, 첫 AI 투자
모델을 출시했고, 변동폭이 큰 중국 증시에서 딥러닝으로 생성
된 모델이 거래를 성공적으로 해내는 과정을 눈으로 확인할 수
있었다. 2017년에는 회사 투자 전략의 '전면적인 AI화'를 실현
했다고 선언했다. 환팡량화의 공식 홈페이지에 따르면, 2018년
에는 'AI'를 회사의 주요 발전 방향으로 확립했다.

환팡량화는 량원펑의 예상보다 빠르게 성공했다. 2019년,
중국 사모펀드 시장에서 퀀트 투자 상품이 블루칩으로 떠오르

자 전국에서 고객이 몰려들었다. 당시 고객들의 투자금 납입 속도가 신상품 등록 속도를 초과하는 현상이 나타날 정도였다. 이 시기 환팡량화는 퀀트 투자의 거물로 등극하면서 반도체 패키징 설비 회사 선커다深科达 등 20곳 이상의 상장사 주요 주주 명단에 올랐다.

2019년 8월 30일, 량원펑의 환팡량화는 '중국 펀드 업계의 오스카상'이라고 불리는 진뉴金牛상을 받게 된다. 수상자로서 연단에 오른 량원펑에 대해 회고한 중국의 한 언론인은 "쭈글쭈글한 네이비색 양복을 입고 등장했고, 억센 광둥 사투리가 섞인 표준어에 투박한 말솜씨가 눈에 띄었다"[12]고 했다. 그를 만나본 사람들은 하나같이 내게 "량원펑의 키는 160센티미터 중반에 불과하고, 1년에 옷 한 벌 사지 않을 것처럼 패션에 관심 없고, 머리 스타일에도 통 신경 쓰지 않는지 덥수룩하다"고 묘사했는데, 시상식에서도 외모는 크게 신경 쓰지 않았던 것이다.

그러나 이날 량원펑의 연설은 그의 포부와 철학을 상세하게 담아 큰 파장을 일으킨다. 그의 연설문은 중국 소셜미디어에 급격히 퍼졌고, 일부 계정에서는 '공유' 횟수만 수십만을 넘겼다. 량원펑은 연설에서 퀀트와 비非퀀트 투자의 판단 기준은 투자 '결정 과정'에 있다면서 '숫자'와 '사람' 중에 마지막 결정을 숫자가 내려야 퀀트 투자라고 강조했다. 야심찬 이야기도 늘어놨다. "돈을 맡기는 고객들은 우리에게 매우 높은 기대치를 가지고 있다. 만약 한 해 수익률이 (특정 비교 대상이 되는) 증시 지수의 수익률보다 25%p[13] 이상 높지 않으면, 고객들은 만족하지 못한다"고 말했다. 또 "퀀트 투자가 '테크니컬 스쿨(기술적 분석파)'의 파이를 가져갔고, 미래에는 '펀더멘탈 스쿨'이 벌던 돈까지 가져갈 것"이라고 예견했다.[14] 량원펑의 연설문을 살펴보면 그가 퀀트 투자 펀드에 대해 꽤 밝은 미래를 예상하고, 기술을 총동원해 펀드를 키울 의향이 충분했던 것으로 보인다.

딥시크 딥쇼크

AI 수퍼컴퓨터의 도입

환팡량화의 덩치가 커질수록 수익 압박 역시 커졌다. 량원펑은 이때 직원을 늘리기보다 기계를 늘린다. 그는 2019년부터 야심 찬 프로젝트 '윙휘螢火(반딧불)'를 추진한다. 1억 위안(약 200억 원) 넘게 투자해 농구장과 맞먹는 면적을 차지하는 AI 수퍼컴퓨터를 만든 것이다. 이는 AI 모델을 만들기 위해 인프라에 투자한 결정이었다. AI 모델은 컴퓨터가 스스로 학습하는 기술인 '딥러닝'을 거쳐 탄생한다. 쉽게 말해 사람의 뇌처럼 정보를 분석하고 새로운 것을 배우는 훈련이 필수다. 그런데 이 훈련을 하려면 수많은 반도체GPU들을 연결해 클러스터(군집)를 이뤄 방대한 연산을 지원해야 한다. 이 반도체 클러스터를 수퍼컴퓨터라고 부른다.

량원펑이 2020년 가동한 투자 전용 AI 모델 '잉휘(반딧불) 1호'는 1,100개의 AI 반도체가 탑재된 수퍼컴퓨터의 작품이라고 할 수 있다. 4만 대의 PC를 가동하는 수준의 컴퓨팅 파워를 이용해 AI 모델의 성능을 획기적으로 높였다. '반딧불'이란 이름처럼 이 프로젝트는 중국의 퀀트 투자 업계를 비춰줄 희망이었다.

그리고 2021년 량원펑은 '잉휘 2호' 프로젝트를 런칭했다. 이번에는 투자금을 10억 위안(약 2,000억 원)까지 늘려 수퍼컴퓨터를 만들었다. 잉휘1호 당시 사용했던 수퍼컴퓨터보다 성능(연산력)이 18배 높은 '괴물'이었다. 이를 위해 엔비디아 A100 반도체 약 1만 개가 탑재됐다. 그해 량원펑이 참여한 논문을 살펴보면 이에 대한 설명이 자세하게 나온다.

"1만 장의 A100 반도체로 만들어진 잉휘 2호는 성능 면에서 DGX-A100(엔비디아의 수퍼컴퓨터)에 가깝지만, 구축 비용은 절반이고 에너지 소비는 40%나 줄였다."

당시 중국 전역에서 1만 개 이상의 첨단 AI 반도체를 보유한 중국 기업은 5곳뿐이었다는 점에서 환팡량화의 'AI 파워'는 업계 최상위 수준이었다. 량원펑은 과거 인터뷰에서 "2020년 오픈AI가 챗GPT3을 발표한 이후 (AI 기술에서 첨단 반도체가 지탱

하는) 대규모 연산력이 필수적이라는 점이 분명해졌습니다. 그러나 2021년 잉휘 2호 구축을 위해 반도체 구매에 거액을 투자했을 때는 대부분의 사람들이 이러한 결정을 이해하지 못했습니다"라고 했다.[15]

그러나 환팡량화가 왜 미국산 첨단 반도체를 대량으로 사들였는지에 대한 의문은 끊이지 않는다. 그가 고성능 AI 모델 개발에 필수인 A100을 대량으로 사들인 시기가 공교롭게도 2022년 9월 미국이 최첨단 AI 반도체 대중국 수출 금지령을 내리기 직전이었기 때문이다. 따라서 일각에서는 환팡량화가 미국의 대중국 기술 제재에 대비해 정부 지령을 받고 엔비디아와 모종의 거래를 한 것이 아니냐는 의혹이 제기되기도 했다.

중국 정부가 그에게 첨단 반도체 사전 확보 전략을 귀띔해 줬을 가능성도 있다. 량원펑이 반도체를 대량 구매했던 시기는 미·중 기술 전쟁이 확전 양상을 보이던 때라 중국 빅테크들도 슬슬 미래를 위한 대비책으로 '반도체 사재기'에 나서고 있었기 때문이다.[16] 그러나 정부가 첨단 반도체 확보를 위해 굳이 량원펑을 콕 집어 팔을 비틀었을 가능성은 낮다고 본다. 량원펑의 지인은 "량원펑은 컴퓨팅파워(반도체)와 AI 성능의 관계가 지금처럼 대중적으로 알려지지 않았던 2016년부터 반도체를 사모았다. 그는 마치 피규어를 수집하는 아이처럼 매년 4,000만 위안(약 80억 원) 정도를 반도체 구입에 써서 동업자와 아내의 핀 잔을 들었다"고 말했다. 베이징에서 만난 IT 업계 관계자는 "량 원펑은 초기에 삼성전자를 포함해 여러 회사의 반도체를 사서 테스트한 후 최종적으로 엔비디아 반도체에 '정착'했다"고 말 했다. 환팡량화에 잠시 몸 담은 적 있는 인물이라 상당히 믿을 만한 증언이다.

량원펑의 초기 AI 모델 개발 과정을 두고 '중국 AI 산업의 미래를 읽는 예언가처럼 행동했다'는 평가도 있다. 그러나 그의 배경을 조금만 생각해보면 탁월한 판단력의 뿌리는 분명하다. 대학 학부에서 '반도체'에 대해 배우고, 대학원에서 '알고리즘' 을 연구한 천재였으니 AI 개발에 무엇이 필요한지 정확히 알고 있었던 것이다.

잉휘 2호 개발 때부터 량원펑의 천재적인 기술 혁신 방식이 눈에 띄게 드러난다. 그의 장기는 '근본적인 질문'을 던지고 프 로세스를 단순화하는 것이었다. 잉휘 2호는 '임무 단계적 공유' 란 기법을 활용해서 딥러닝 훈련을 매우 저렴하고 쉽게 할 수 있었는데, 잉휘 2호를 훈련시키는 과정에서 컴퓨터를 나눠 쓰 는 방식을 채택한 것이다. 회사에서 직원 한 사람이 컴퓨터 한 대를 독차지하면 100% 활용하기 어려우니 여럿이 컴퓨터를 나 눠 쓰는 시스템을 만든 것이라고 생각하면 이해하기 쉬울 것이다. 연구자가 코드를 짜서 만든 딥러닝 모델을 수퍼컴퓨터에 올려 '훈련'을 요청하면, 컴퓨터는 자동으로 "언제 어디에 이 작업을 배치하면 가장 효율적일까?"를 계산해서 배치했다. 순차적으로 작업을 처리하되, 중요한 작업의 '새치기'도 허용됐다. 이 방식 덕분에 잉휘 2호는 컴퓨터를 90% 이상 활용하여 비용을 아낄 수 있었다. 작업이 끊기지 않고 원활하게 진행되면서 작업 시간이 줄어드는 효과도 누렸다.

이처럼 틀에 매이지 않는 유연한 방식은 이후 량원펑의 딥시크 AI 모델의 혁신적인 기법에서도 흔적을 찾을 수 있다. 딥시크의 AI 모델은 사용자의 질문에 전체 AI 모델을 동원하지 않고, 분야별로 나눠서 업무를 효율적으로 처리한다. 또 질문에 따라 8비트나 32비트 연산 방식을 채택하며 힘 조절을 한다. '저비용·고효율' 철학을 지닌 잉휘 2호가 딥시크 AI 모델의 아버지인 셈이다.

개발자의 미래 예측

량원펑이 2019년 8월 중국증권보報가 주최한 '진뉴상' 시상식에서 발표한 연설문의 제목은 "개발자의 눈에 비친 퀀트 투자의 미래一个程序员眼里中国量化投资的未来"다. 량원펑이 스스로를 금융맨이나 기업인이 아니라 개발자라고 규정한 점이 눈에 띈다. 이 연설문을 읽어보면 두 가지 미래 예측이 나오는데, 하나는 맞고 하나는 틀리다. 그는 미국의 상황을 근거로 중국 퀀트 투자 펀드의 운용 자산이 급증하며 '헤지펀드 호황'이 일어날 것으로 예상했지만, 이는 이후 일어난 사건을 보면 완전히 틀렸다. 반면, 그가 AI 기술로 이미 산업의 전환이 일어났고 인간 대체 속도가 빨라질 것이라고 한 말은 정확히 들어맞았다. 그는 단호하고 명쾌하게 AI가 인간보다 낫다는 식의 주장도 펼쳤다. 다음은 연설문에서 그의 기술 철학을 잘 드러내는 부분들이다.

"중국 퀀트 투자의 미래를 예측하는 방법 중 하나는 '미국'이라는 선생님을 살펴보는 것입니다. …… 최근 10여 년 동안 미국에서는 퀀트 펀드가 헤지 펀드의 주류가 되었고, 많은 사람들이 헤지 펀드는 곧 퀀트 펀드라고 생각하고 있습니다."

"미국의 경우를 보면, 사모펀드의 규모는 매우 커질 수 있습니다. 세계 최대의 헤지펀드 브리지워터의 관리 규모는 약 1조 위안이며, 국내 대형 퀀트 투자회사들의 관리 자금이 100억~200억 위안이란 점을 고려하면 우리는 수십 배의 성장 가능성이 있습니다. 중국에 1조 위안을 운영할 수 있는 사모펀드가 나올까요? 가능할 것 같습니다. 앞으로 중국의 경제 규모는 미국과 비슷해질 것이며, 국내 최대 회사는 2,000억~3,000억 위안을 관리할 것입니다. 주식시장 확장과 파생상품 시장 발전, 해외 시장까지 더하면 1조 위안 돌파도 가능합니다."

"해외에서는 원래 사람이 수행했던 모든 투자 전략이 퀀트 투자(프로그램)로 대체되고 있습니다. 국내 헤지펀드는 전체적으로 미국보다 뒤처져 있습니다."

"퀀트 투자인지 아닌지를 가르는 기준은 투자 결정 과정에서 정량적인 방법을 쓰느냐, 아니면 사람이 직접 결정을 내리느냐입니다. 차이점은 결국 '의사 결정' 방식입니다."

"퀀트 투자회사에는 펀드 매니저가 없습니다. 펀드 매니저는 서버 더미에 불과합니다. 사람이 투자 결정을 내릴 때, 그것은 일종의 예술이고 감각에 의존합니다. 그러나 프로그램이 결정을 내릴 때, 그것은 과학이고 최적의 해결책을 제시합니다."

"주식 투자 분야에서는 2017년부터 전통적인 방식이 AI로 대체되기 시작했습니다."

"(속성이) 사모펀드인 우리에게 투자자들은 큰 기대를 걸고 있으며, 만약 1년에 (지수 투자 수익보다) 25% 이상 높지 않다면 투자자들은 만족하지 못할 것입니다. …… 사모펀드 간의 경쟁이 매우 치열합니다. 우리는 매주 경쟁사의 실적 데이터를 받고, 만약 타사에 뒤처지면 고객에게 바로 (항의) 전화를 받습니다. 우리는 매우 큰 압박을 받고 있으며, 함께 일하는 모든 사람들이 스트레스를 받고 있습니다. 그러나 이러한 압박이 우리의 투자 능력을 향상시킵니다. …… 게으름을 피우면 뒤처집니다."

"(퀀트 투자로 개미 투자자들의 돈을 대거 흡수했다는 지적 등을 시사하며) 몇 년 후면 인간 투자자들은 더욱 큰 어려움에 직면할 것입니다. 2019년인 현재에도 기술 측면에서 퀀트 투자 프로그램의 실력은 인간 투자 고수를 훨씬 넘어섰습니다."

"향후 1~2년 동안 업계의 투자는 '다중 전략'을 통해 발전해야 합니다. 기존의 분산 투자는 이렇게 이루어집니다. 4억 위안의 자금을 기준으로 1억은 A 모델, 1억은 B 모델, 1억은 C 모델, 1억은 D 모델에 배분되는 식입니다. 이렇게 하면 수익율은 4개 모델의 평균이라는 단점이 있습니다. 그러나 다중 전략의 핵심은 '중첩'입니다. 4억 위안을 A 모델을 넣고, 동시에 이 자금으로 B 모델, C 모델, D 모델도 만들어 운영하는 것인데, 전통적인 전략에서 벗어난 방식입니다."

"(AI 투자 모델을 언급하며) 당신이 하지 않으면 다른 사람들이 만들 것입니다."

국민 역적에서 국민 영웅으로

강력한 AI 모델을 이용해 환팡량화는 더 많은 투자금을 끌어들였고, 자산운용 규모가 급격히 늘어났다. 그러나 환팡량화는 곧 '국민의 역적'이란 비난을 받기 시작했다. 2억 명의 중국 개인 투자자들이 지나치게 높은 수익을 가져가는 '4대 퀀트 투자 펀트'의 대표주자인 환팡량화를 비난하며 피해를 호소했기 때문이다. 그럴 만도 했다. 량원펑이 2019년 연설에서 직접 밝혔듯이 환팡량화의 수익률은 1년 지수 투자 수익률보다 최소 25%p 높아야 '정상'이었다. 환팡량화의 운용자금이 2017년 30억 위안에서 2021년 1,000억 위안(약 20조 원)으로 늘어나면서 시장에서 가져가는 돈 역시 급격하게 증가했다. 그는 "개미 투자자

들은 퀀트 투자가 주류가 될수록 시장에서 더욱 돈 벌기 어려울 것"이라고 인정했다. 개인 투자자들은 '주차이韭菜(부추)'로 전락하고 있었다. 손실을 보고도 다시 증시에 뛰어드는 개인 투자자들의 모습이 윗부분을 잘라내도 금세 다시 자라는 부추와 같다며 붙은 별명이다. 소셜미디어에서는 량원평이 탐욕스러운 월가의 투자자보다 더 악독한 괴물이란 비난도 나왔다. 지금은 완전히 삭제됐지만, "환팡량화의 천억 위안의 길: 개미들의 적수는 대체 얼마나 강한가"라는 제목의 인터넷 기사가 올라오기도 했다.

이런 비난 속에서도 2021년 8월 환팡량화의 운용 자산 규모는 1,000억 위안(약 20조 원)을 돌파했다. 중국 퀀트 투자회사 가운데 '1,000억의 허들'을 넘은 것은 환팡량화가 최초였다. 확고한 1위 달성의 순간이었다.

하지만 정점에서 위기가 닥쳤다. 그해 환팡량화의 수익률이 급강하했다. 가장 많은 운용 자금을 확보한 해에 '중정 500지수(중국 대형 상장사 위주의 지수)' 수익률보다 6%p 정도 낮은 실적을 기록하며 죽을 쑨 것이다.[17] 환팡량화는 모든 신규 자금 유입을 막고, 그해 12월 28일에는 투자자들에게 공개 서한을 보냈다. "최근 환팡량화의 실적이 역사상 가장 크게 후퇴한 것에 대해 깊이 사과드립니다"[18]라는 문장으로 시작하는 이 서한에서는 실적 악화의 이유를 두 가지로 설명했다. 첫째, AI 기반 투자 결정에서 알고리즘이 매매 타이밍을 제대로 잡지 못했다. 둘째, 시장 분위기가 급격히 변화할 때 AI가 더 많은 수익을 얻기 위해 리스크를 지려는 경향이 강했다. 그러나 이러한 해명은 환팡량화의 AI 투자 모델이 시장에 대응하기에는 역부족인 '낙후한 AI'란 고백과 다름 없었다.

환팡량화가 수익 악화로 석고대죄를 해야 했던 이 시기는 중국 정부가 사모펀드 규제에 나섰던 시점과 겹친다. 중국 금융 당국은 '사모펀드 감독 강화 규정'(2021년 1월)[19]을 발표하고, 투기성 금융 거래에 대한 규제를 강화한다고 밝혔다. 2021년 11월에는 중국 증권투자기금협회가 일부 사모펀드에게 월간 투자 통계 데이터와 관리자 개인 정보를 제출하라고 요구했다.

중국에서 추앙받았던 금융업, 특히 최고의 두뇌들이 집결한 사모펀드의 위상이 빠르게 추락하고 있었다. 코로나가 덮친 중국에서 경기침체와 부동산 위기가 이어지며 큰 돈을 쓸어가는 금융권에 대한 대중의 분노가 커졌고, 금융을 실물경제에 기생하는 경제라 보는 시진핑習近平 중국 국가주석의 '금융 때리기'가 시작되고 있었다. 2021년 1월부터 2023년 7월까지 중국의 사정당국인 검찰기관이 잡아들인 금융권 범죄자만 652명이었다.[20] 이후 금융 분야를 전담하는 반부패 기구(2024년)까지 출

딥시크 딥쇼크

범했으니 퀀트 투자회사들은 어두운 터널에 들어선 것이나 다름 없었다. 실제로 2021년 톱3 퀀트 투자회사였던 환팡량화(자산 운용 규모 1,000억 위안), 링쥔투자(990억 위안), 밍훙투자(800억 위안)[21] 모두 2025년에는 자금 운용 규모가 절반 수준으로 줄어 있었다.

致尊敬的投资者

最近幻方业绩的回撤达到了历史最大值，我们对此深感愧疚。

作为一家综合型的量化私募基金公司，幻方的换手率一直以来相对较低。和同行相比，幻方的收益更多来自持有，更少来日交易。我们在使用高换手策略交易波动获取收益的同时，也使用人工智能技术，力求在更长的持股周期上获取股票价值增长带来的收益。

近期业绩波动，一部分来源于长周期上的持股波动。就目前的情况而言，我们人工反复视了AI的投资决策，我们认为AI选出来的股票从长期价值来说基本上是没问题的，但在买卖时点上确实没做好。市场风格剧烈切换的时候，AI会倾向于冒更大的风险来博取更多收益，这进一步放大了回撤。我们正在不断调整策略，以适应新的市场环境变化，同时降低持仓集中度，减少市场波动对业绩的影响。

另一个原因，是量化资管行业规模扩展太快，策略同质化严重，加大了整体操作的难度。对此幻方一方面着手控制总的管理规模，另一方面继续加大对策略研究的投入，务求在未来的竞争中继续取得领先。

今年幻方大部分投资者投资收益依然是正的，但相对指数涨幅来说，这个收益是不及格的。另外部分客户尤其是对冲客户遭受到了浮亏，我们对此非常抱歉。当下，只有全力投入工作，把业绩做好才是对客户最好的回答。我们依然相信长期的力量。

再次感谢投资人对幻方的信任。

◇ 幻方量化

환팡량화가 2021년 12월 발표한 사과문. 중국 정부의 사모펀드 규제와 함께 2021년 수익률이 급감하자 환팡량화는 고객들에게 사과문을 발송했다.

이듬해인 2022년부터 량원펑은 거액의 익명 기부를 하기 시작했다. 그가 사용한 닉네임은 '한 마리의 평범한 돼지一只 凡的小猪'였다. 많은 상상을 불러 일으키는 닉네임이다. 중국에서 돼지는 부자를 얕잡아 부르는 말이다. 중국판 포브스로 불리는 '후룬연구소'가 매년 발표하는 '중국 100대 부호 순위'는 중국에서 '돼지 도살 랭킹殺猪榜'이라고 불리는데, 도살장에 끌려가는 통통한 돼지처럼 이 순위에 오른 부자는 정부의 사정 칼날을 피하기 어렵기 때문이다.

중국 1위 퀀트 펀드를 이끌던 량원펑도 이때 위기를 느꼈던 것 아닐까. 그해 그의 개인 기부액은 1억 3,800만 위안(약 280억 원)에 달했다. 기부처를 살펴보면, 시짱(티베트)과 농촌 지역 학교 외에도 금융 고위급 인사가 창립한 상하이의 기금회, 총리급 인사가 회장을 맡는 중국홍십자회가 포함돼 있다.[22] 같은 해 중국 매체에서 확인할 수 있는 량원펑의 공개 활동은 코로나 물자 지원(2월), 산불 재해 예방 행사(4월), 장애인 봉사(6월) 등 전부 공익 활동이었다. 2023년 1월 환팡량화는 전년 회사와 직원의 기부금 총액이 3억 6,000만 위안(약 720억 원)이라고 밝혔는데, 이때 처음 '한 마리의 평범한 돼지'라는 신비로운 익명의 기부자가 환팡량화의 수장인 량원펑이란 사실이 알려졌다.

량원펑은 왜 이 기간에 특이 행보를 보였을까? 환팡량화에서 일했던 저장대학교 출신 투자자는 이렇게 설명했다. "개인적인 의견이지만, 량원펑은 너무 많은 돈을 갖고 있었기에 돈에 연연하는 사람이 아니었습니다. 2019년쯤부터 환팡량화의 관리보나 AI 기술 개발에 더 큰 관심을 보였고, 점차 경영을 관리직에게 위임했습니다. 몇 년 뒤에는 환팡량화가 그의 본업이 아니고, AI 기술 연구가 본업인 듯했고 사회를 이롭게 만드는 일에 집중하고자 했습니다."

상하이 출신 글로벌 투자 업계 관계자는 조금 더 노골적인 의견을 제시했다. 그는 "2021년 환팡량화가 신규 자금 모집을 중단하고, 이듬해 량원펑이 대규모 익명 기부를 하고, 2023년 1월에 환팡량화가 딥시크를 설립한 사건의 흐름은 아이가 혼나고 벌 서는 모습을 연상케 하지 않느냐"면서 "중국 금융 산업에서 당국의 기업 조사와 압박이 극에 달하던 때에 량원펑이 본인도 관심 있고 국가도 원하는 업종에 주력하게 된 것"이라고 했다. 량원펑의 지인은 이에 대해 답하지 않았지만, "환팡량화가 뎬밍点名(정부기관이 특정 기업의 잘못을 적발하거나 공개 비판하는 일)을 당한 적이 있다"고 했다. 우연의 일치겠지만, 2023년 량원펑은 딥시크 창업으로 주목받았고 환팡량화의 공동 창업자인 쉬진은 불륜 스캔들에 휘말려 자리에서 물러났다.[23]

량원펑의 창업 궤적

2008년: 대학원생 량원펑, 퀀트 투자팀 운영

2015년: 환팡량화幻方量化 설립

2016년: 환팡량화, AI 기반 투자 전략 최초 도입.

2017년: 환팡량화, 투자 전략의 '전면적인 AI화' 실현.

2019년: 중국 퀀트 투자 펀드 '4대 거두'로 자리매김

2021년: 운용 자금 첫 1,000억 위안 돌파, 투자 손실로 자금 모집 중단

2022년: 량원펑, 익명으로 1억 3,800만 위안 사재 기부, 기업 포함 3억
6,000만 위안 기부.

2023년: 량원펑 기부 사실 공개, 7월 '딥시크' 창업

2025년: '딥시크 쇼크' 미국 증시 타격

공개 사과, 조용한 기부 그리고 AI 스타트업 딥시크가 탄생했다. 량원펑은 2023년 4월 11일에 딥시크 설립 계획을 공식화하면서 프랑스의 누벨바그를 이끈 영화감독 트뤼포가 젊은 감독들에게 했던 충고를 인용했다. "무조건 미친 듯이 야망을 품어야 하며, 또한 미친 듯이 진실해야 한다."

'국민의 역적'이 '국민의 영웅'이 되는 순간이었다. 국가의 처단 리스트에 오를지도 몰랐던 금융 거물이 미·중 경쟁 속에서 국가가 가장 보호해야 하는 '기술 첨병'으로 떠오른 것이다.

다만 중국의 AI 업계는 량원펑을 뜬금 없이 'AI 모델' 개발 사업에 뛰어든 외부인으로 인식했다고 한다. 투자에 국한된 AI 모델을 만들던 이가 뭐든 할 수 있는 범용 AI^{AGI} 개발에 나서는 것은 라면 끓일 줄 안다며 식당을 차린 것과 다름 없었기 때문이다.

량원펑은 2023년 7월 중국 매체 인터뷰에서 "상업적인 회사가 무한한 투자가 필요한 탐구형 연구 과제에 뛰어든 것은 미친 짓처럼 보인다"는 기자의 말에 이렇게 답했다. "(딥시크 설립은) 상업적인 이유를 찾을 수 없습니다. 왜냐하면 수지가 맞지 않기 때문입니다. 상업적인 관점에서 보면, 기초 연구는 투자 대비 수익률이 매우 낮습니다. 오픈AI 초기 투자자들도 '내가 얼마나 많은 보상을 받아야 하는지'에 대해 관심을 두지 않고 정말로 그 일을 하고 싶어 했습니다. (AI 모델 개발을) 하고 싶어 하고, 능력도 갖춘 딥시크는 지금 이 시점에서 이 일을 하기에 가장 적합한 후보입니다."[24]

다만 이러한 '업종 확장'은 미국의 압박 속에 첨단 기술 확보를 원하는 중국 지도부의 '입맛'을 잘 파악한 행보란 평가가 나왔다. 이미 중국의 모든 기업들은 사업에 AI를 접목하는 중이었다. 기술 역량이 있든 없든 국가의 정책 지원을 조금이라도 얻고자 다들 '셰프'를 자처했다.

그러나 이때부터 량원펑의 스토리는 '작은 이야기'가 아니라 '큰 이야기'가 되고 있었다. 개인을 너머 한 나라의 중요한 순간을 담기 시작했기 때문이다.

AI 업계의 테무

딥시크는 세계를 놀라게 하기 전에 중국을 흔들었다. 2023년 7월 설립된 딥시크가 이듬해 5월 출시한 'V2' AI 모델은 높은 가성비와 혁신적인 모델 구조로 중국에서 'AI 모델 가격 경쟁'을 촉발했다.[25] 딥시크의 별명은 'AI 업계의 핀둬둬拼多多(영어명 테무)'였다. 값싼 물건을 주로 판매하며 시장 가격을 교란하는 전자상거래 업체 핀둬둬처럼 업계를 괴롭힌다는 의미다.

량원펑은 기존 중국 기업들과 다른 경로로 딥시크를 운영하며 AI 모델을 개발했다. 투자사 운영을 통해 비축한 자금을 아낌없이 뿌리며 천재들을 추가로 영입했다. 또한 단기 실적보다 '(미국 대표 AI 기업인) 오픈AI와 기술 격차 좁히기', '인간 수준의 범용 AI 개발' 같은 '큰 그림'을 회사의 목표로 삼았다. 2023년 7월, 량원펑은 인터뷰에서 "대기업들은 단순히 연구나 훈련만을 목적으로 하기보다는, 비즈니스 수요에 의해 움직이는 경향이 있습니다"라고 했고, 2024년 7월에는 "우리의 궁극적인 목표는 범용 AI를 실현하는 것입니다. 현재로서는 새로운 해결책이 보이지 않지만, 대기업이라고 해서 절대적인 우위를 가진 것은 아닙니다. 그들은 이미 방대한 사용자를 보유하고 있지만, 돈이 되는 사업이 그들의 발목을 잡기도 합니다"라고 말했다.

그는 모든 투자 비용이 자신의 주머니에서 나간다는 사실도 밝혔다. "AI 모델을 만들기 위해서는 2~3억 달러가 필요한데 어떻게 조달할 것인가"란 중국 매체의 질문에 "다양한 투자자와 접촉해본 결과, 연구를 우선시하는 방식으로는 벤처캐피탈로부터 자금을 받기 어려운 상황입니다"라면서 "(내가 소유한) 환팡량화가 출자자 중 하나로 충분한 연구 개발 예산을 보유하고 있습니다"[26]라고 했다.

딥시크의 V2는 중국에서 성능은 오픈AI의 GPT-4 수준이면서 사용료(API 기준, 딥시크를 다른 프로그램에 접목해 사용할 수 있도록 한 일종의 기업용 서비스)는 100분의 1이라는 평가를 받았다.[27] 이때 딥시크가 이미 내놓은 '통문장 해독법MLA'과 AI 모델의 '전문가 분업MoE' 구조는 AI 모델의 연산량을 크게 줄였다. 그가 투자용 AI 모델인 '잉휘 2호'를 개발했을 당시처럼 자원 분배를 효율적으로 하고, 불필요한 기능을 덜어낸 결과다.

중국 IT 매체 《36Kr》은 "실리콘밸리가 딥시크의 AI를 '동방에서 온 신비로운 힘the mysterious force from the East'이라고 평가했다"며 흥분했다. 2024년 12월 26일에는 R1의 전단계 모델인 'V3'를 공개했는데, 같은 해 출시한 메타의 AI 모델을 위협할 수준이었다. 미국 시각으로는 크리스마스였던 이날, 딥시크는 "자체 벤치마크 결과 'V3'가 오픈AI의 'GPT-4'와 메타의 '라마 3.1' 모델을 뛰어넘었다"고 주장했다. 중국 IT 업계에서 딥시크는 이미 슈퍼스타였다.

미국에서도 딥시크를 주목하지 않을 수 없었다. 2024년 12월 26일 북미 최대 IT 온라인 매체 《테크크런치》가 결국 장문의 기사를 냈다. "딥시크의 새로운 AI 모델은 오픈AI를 위협하는 최고의 도전자로 보인다"[28]란 제목의 기사에서는 "중국의 한 연구소에서 지금까지 본 것 중에 가장 강력한 오픈 소스 AI 모델을 개발했다"고 썼다.

딥시크 설립 이후 량원펑은 확실히 '돈 벌기'에서 '돈 쓰기'로 넘어갔다. 그의 본업이었던 환팡량화는 빠르게 쇠퇴의 길을 걸었다. 환팡량화의 2023년 수익률을 보면, 메인 회사인 저장주장자산운용은 +4.86%, 닝보환팡량화는 +3.71%였다. 그해 100억 위안 이상 운용하는 퀀트 투자 펀드의 평균 수익률 (6.43%)보다 훨씬 낮은 수치였다. 2024년 상반기에는 환팡량화의 손실이 더욱 커졌다. 환팡량화 측은 실적 악화의 이유로 시장 환경 변화에 대한 적응 실패를 거론했다. 환팡량화가 아닌 딥시크가 량원펑의 주력 회사가 된 것이 분명했다. 2024년 10월, 환팡량화는 투자자들에게 "점진적으로 (투자 리스크가 큰) 헤지 상품의 투자 비중을 '0'으로 낮출 계획"이라고 밝혔다.

량원펑은 딥시크를 설립한 이후 AI 연구에 직접 참여한 것으로 보인다. 량원펑이 보유한 재산과 회사의 덩치 때문에 그의 이미지가 '대기업 총수'로 비치는 경우도 있는데, 사실 환팡량화조차 직원이 300명 정도인 중소 규모의 회사였다. 그는 매일 일과 중 하나가 '코딩'일 정도로 기업의 경영보다 기술의 효율적인 응용에 관심이 있었다.

중국 기자가 량원펑이 딥시크를 설립한 이후 "현재 어디에 가장 많은 시간을 쓰고 있나요?"라는 질문을 한 적 있다. 이때 량원펑은 "다음 세대 AI 연구에 가장 많은 시간을 할애하고 있습니다. 아직 해결되지 않은 문제들이 많습니다"[29]라고 말했다. 베이징 하이뎬구에서 일하는 한 AI 연구원은 "딥시크 개발팀이 AI 모델 개발에서 난제를 맞닥뜨리면 량원펑이 직접 참여해 문제를 해결했다"고 했다.

딥시크는 중국 회사라서

량원펑에 관한 초기 보도를 보면서 다소 놀란 부분이 있다. 일부 서구권 매체들이 '량원펑이 딥시크 지분을 거의 다 갖고 있고, 국유 자본이 이 회사에 투자하지 않았다'는 이유로 그가 국가의 영향권 밖에 있다고 평가했기 때문이다. 또 그의 말을 잘못 해석한 보도도 있었다. 량원펑은 과거 인터뷰에서 "미국과 중국의 격차는 독창성(미국)과 모방(중국) 사이에 있다"라고 말했고, "중국은 (세계 기술 산업에서) 무임승차를 끝내야 한다"라고도 했는데, 이 발언들을 '국가 비판'이라고 분석한 것이다. 그러나 이는 한 기업가가 지도부의 마음을 대변하여 국가의 목표를 앵무새처럼 따라한 경우라고 보는 것이 맞다. 중국이 국가적으로 세운 기술 목표는 미국 등 해외의 첨단 기술에 의존하지 않고, 독자적인 기술력을 확보해 트럼프 2기에서 '생존'을 모색하는 것이다.

결론부터 말하자면, 딥시크의 성공은 중국이 첨단 기술을 확보하기 위해 전 국민을 동원해 마련한 무대 위에서 천재가 이룬 성과에 가깝다. '거국 동원 체제(산학연과 국민을 총동원해 목표를 이루는 방식)'가 화웨이(5G), 틱톡(소셜미디어), DJI(드론)를 만들었듯, 최대 격전지인 AI 분야에서도 선도 기업을 탄생시킨 것이다. 이후에 다시 자세히 설명하겠지만, 이는 중국 역사 속에서 반복해서 나타나는 '천재와 국가의 콜라보' 전략의 전형이다.

실제로 량원펑은 세계적으로 딥시크 열풍이 불기 전인 2024년 7월 중국 매체와의 인터뷰에서 중국의 기술 발전 '토양'이 충분히 비옥하고, 자신의 역할은 '생태계 발전'이라고 반복해서 강조했다.[30] 그러면서 '모방'에 집중했던 중국의 기술 업계가 '혁신'의 시대에 들어서며 미국과 동등하게 경쟁해야 한다는 메시지를 전했다.[31] 량원펑의 해당 인터뷰를 정리해보았다.

딥시크 'V2'(2024년 5월 출시 AI 모델)가 실리콘밸리를 놀라게 한 이유는 무엇인가요?

량원펑: 사실 (V2는) 미국에서 매일 일어나는 수많은 혁신 중에서 매우 평범한 하나일 뿐입니다. 그들이 놀란 이유는 이 혁신을 만들어낸 주체가 중국 기업이고, (우리가 단순한 모방자가 아니라) 혁신가로서 그들의 게임에 뛰어들었기 때문입니다.

기존 인식은 '미국은 기술 혁신을 잘하고, 중국은 기술 응용에 능하다'입니다.

량원펑: 중국 경제가 발전하면서 중국도 '무임승차'를 멈추고 기술 혁신의 '기여자'가 되어야 합니다. 지난 30여 년의 IT 혁신 흐름 속에서 우리는 진정한 기술 혁신에 거의 참여하지 못했습니다. 우리는 무어의 법칙(반도체 성능이 약 18개월마다 2배로 증가한다는 법칙)에 따라 하늘에서 내려오는 것(최신 기술)을 받는 데 익숙해져 있으며, 집에 누워서 18개월만 기다리면 더 나은 하드웨어와 소프트웨어가 나올 것이라고 생각합니다.

왜 돈 많은 중국의 대기업조차 (기술 연구보다) '빠른 상업화'를 최우선 과제로 삼았을까요?

량원펑: 지난 30년 동안 우리는 '돈 버는 일'만 강조했을 뿐

혁신에는 소홀했습니다. 그러나 혁신은 상업적으로만 추진되는 것이 아니며, 호기심과 창조에 대한 열망이 있어야 합니다. 우리는 과거의 관성에 얽매여 있었던 것뿐이고, 과도기를 겪고 있다고 봅니다.

거대 비용을 들여 AI 모델을 개발하는 선택이 중국에서 다소 '사치스러운 일'로 보일 수도 있습니다.

량원펑: 혁신의 비용은 분명히 적지 않습니다. 하지만 과거 중국이 '(해외 신문물을) 가져다 쓰기拿来主义' 전략을 선택한 것은 (낙후한) 국가 상황과 관련이 있었습니다. 하지만 지금은 중국 경제 규모를 보든, 바이트댄스(틱톡 모회사)나 텐센트 등 대기업의 수익성을 보든 전 세계에서 결코 밀리지 않습니다. 즉, 우리가 이루는 혁신이 부족한 이유는 '자본'이 아니라, 스스로에 대한 자신감과 고도의 인재를 조직해 효과적인 혁신을 이루는 방법을 모른다는 점입니다.

딥시크는 왜 연구와 탐색에만 집중하고 있나요?

량원펑: 우리의 급선무는 '글로벌 혁신'이라는 흐름에 참여하는 것입니다. 지난 몇 년 동안 중국 기업들은 다른 나라가 기술 혁신을 하면, 이를 가져와서 앱(애플리케이션)을 만들고 수익

딥시크 딥쇼크

화하는 데 익숙했습니다. 하지만 이는 당연한 일이 아닙니다. 이번 (AI 혁신의) 흐름 속에서, 우리의 출발점은 기회를 틈타 돈을 버는 것이 아니라 기술 최전선으로 나아가 전체 생태계를 발전시키는 것입니다."

량원펑은 다른 질문에 대한 답에서 그가 말하는 '생태계'가 무엇인지 상세하게 설명했다. 그는 "중국의 기업들이 딥시크의 기술과 성과를 마음껏 가져가서 사용하고, 딥시크는 기본 모델과 혁신 연구만을 책임지는 것"이라며 "다른 회사들이 딥시크를 기반으로 B2B(기업 대상), B2C(소비자 대상) 비즈니스를 구축하는 생태계를 원한다"고 했다.

AI 모델 경쟁에서 단순히 우월한 기술로는 절대적인 우위를 확보하기 어렵습니다. 딥시크가 노리는 더 큰 것은 무엇인가요?

량원펑: 중국의 AI가 영원히 '추격자' 위치에 머물 수만은 없습니다. 우리는 흔히 '중국 AI가 미국에 1~2년 뒤처졌다'라고 말하지만, 실제 격차는 창조(미국)와 모방(중국)의 차이입니다. 이 점이 바뀌지 않는다면, 중국은 앞으로도 영원히 '추격자'의 자리에 머물게 될 것입니다. 그렇기 때문에 때로는 탐구와 시도를 피할 수 없이 맞이해야 합니다.

엔비디아의 선도적인 지위도 단순히 한 회사의 노력이 아니라 서구 기술 커뮤니티와 산업 전체가 함께 만들어낸 성과입니다. 이들은 다음 세대의 기술 트렌드를 내다볼 수 있고, 로드맵을 가지고 있습니다. 중국 AI의 발전도 마찬가지로 이러한 '생태계'가 필요합니다. …… 따라서 중국은 반드시 누군가가 기술의 최전선에 서야 합니다中国必然需要有人站到技术的前沿.

량원펑의 과거 인터뷰들을 곱씹어볼수록 '선언문'에 가깝다는 생각이 들었다. 중국 기술 산업 '혁신'을 위해 최전선에 서겠다고 포부를 밝힌 그의 한마디 한마디가 얼마나 의미심장하고 결연한가. 그가 강제로 '국가의 미션'을 수행하는 기업인이 아니라고 할지라도, 국가를 위해 일하고 있다는 인식만큼은 선명하다. 그의 과제는 분명하다. '미·중 경쟁의 핵심 전장인 AI 분야에서 중국의 기술 돌파를 이뤄내는 것.' 딥시크가 인간 지능 수준을 뛰어넘는 범용 AI를 만들어 중국 기업들을 단단하게 무장시키면, 중국이 미국이란 산을 넘을 수 있을까.

1%의 천재로 99%가 못한 일을 한다

혁신은 결국 사람이 이룬다. 그러나 사람의 수는 중요치 않다. 그것이 량원펑의 생각이라고 그의 대학 후배가 말했다. 량원펑이 창업한 딥시크는 연구 인력이 139명으로 미국 오픈 AI(1,200명)의 9분의 1 수준이다.[32] 거대한 인구와 낮은 임금이 장점인 나라에서 '인해 전술'을 탈피했다. 또 연구 개발 인력이 대부분 경력 1~2년 차의 20~30대다. 딥시크의 구인공고에는 학력이나 이력에 대한 기준이 없지만, 칭화대학교, 베이징대학교, 베이징항공대학교 등 중국 내 최고 대학 출신 박사와 연구원이 주로 뽑힌다.

량원펑의 지인은 "딥시크의 인재 모집 철학은 '상위 1%의 천재를 모집해 99%의 기업이 할 수 없는 일을 한다'"라면서 어디서도 듣지 못했던 이야기를 들려줬다. 그는 "량원펑 스스로가 천재일 뿐 아니라 천재를 키우는 백락伯樂(중국 춘추전국시대 최고의 말 감정가)이기도 하다"면서 "그는 첫째로 중국 최고 대학인 칭화대학교에 매년 1억 위안(약 200억 원)을 기부하고, 둘째로 베이징대학교와 칭화대학교의 어린 학생들을 인턴으로 채용해 월급 명목으로 '장학금'을 주면서 장기 육성한다"고 했다.

그는 딥시크 창업 전부터 칭화대학교에 거액의 기부금을 냈다고 하는데, 가장 큰 목적은 '학생 우선 선발권'이라고 한다. 실제로 베이징의 한 가상화폐 투자업계 종사자에게 물어보니 "량원펑의 회사는 웬만한 빅테크보다 우선적으로 칭화대학교 학생들을 선발할 수 있는 권리가 (암묵적으로) 있다. 량원펑이 알맹이를 먼저 채가면 다음 순서의 기업이 쭉정이를 골라가는 식"이란 답변이 돌아왔다.

명문대 학부생이나 대학원생들을 인턴으로 뽑아 오랫동안 데리고 있는 이유도 맞춤형 AI 천재로 키우기 위해서다. 이를 위해 길게는 3~4년 동안 한 명의 학생에게 매일 250위안(약 5만 원)씩 지급한 경우도 있었다고 한다.

이런 설명을 듣고나니 다소 의아했던 량원펑의 발언이 떠올랐다. 그는 과거 인터뷰에서 "딥시크의 연구자들은 종잡을 수 없이 대단한高深莫測 천재들이 전혀 아닙니다"라면서 구성원으로 "톱 명문대를 갓 졸업한 연구자, 아직 졸업을 안 한 박사 4~5학년 인턴"을 언급했다. 왜 재학 중인 이들이나 검증이 되지 않은 초년생을 뽑았나 했더니 이미 몇 년 동안 재능을 확인한 연구자들이었던 것이다.

량원펑이 중국 매체 인터뷰에서 인재 채용 기준에 대해 "능력이 경험보다 중요하다"고 반복해서 강조한 것도 인상 깊었는데, 그 말도 다시 보니 '경험은 내가 제공한다'는 뜻이었다. 그는 "단기적인 목표를 추구한다면, 경험이 많은 인재를 영입하는 것이 맞습니다. 하지만 장기적인 관점에서 보면, 경험은 그다지 중요하지 않습니다. 기본적인 능력, 창의성, 열정이 더 중요합니다. 이런 관점에서 보면, 중국 내에도 적합한 후보자가 많습니다"라고 말했다.

딥시크는 수억 위안과 수년의 시간을 들여 구축한 '천재 네트워크' 그 자체였기에 혁신이 가능했다. 그것이 딥시크가 '딥 쇼크'를 만든 핵심적인 이유라고 본다. 중국의 AI 업계 헤드헌터는《펑황망과기》란 매체에 "딥시크는 처음부터 100명 남짓한 인력으로 시작했고, 인원은 적지만 한 명 한 명이 무적"이라면서 "다른 회사들도 이런 소수 정예팀을 원하지만, 대부분 만드는 데 실패한다"고 했다.[33] 또 다른 중국 헤드헌터는《경향신문》에 "딥시크는 5년 이하의 경력을 보유하고, 과학과 공학에 능통한 인재를 원한다"는 이례적인 설명을 했다. 인재를 직접 검증하고 키우는 량원펑의 스타일상 백지 같은 어린 인재를 선호할 수밖에 없었을 것이다. 바이두·알리바바·바이트댄스 등 대기업 출신을 스카우트하면 딥시크 안에 '패거리 문화'를 만들 수 있다는 점도 고려했을 수 있다.

딥시크의 구성원 중에 '바다거북이海龜(유학 후 귀국한 학생)'가 거의 없는 이유도 쉽게 설명이 된다.[34] 해외에 있으면 어릴 때부터 검증할 수도, 현장에서 손발을 맞춰볼 수도 없다. 무엇보다 중국 내에 이미 천재가 충분했다. 이 책의 2장에서 설명하겠지만, 이 당시 중국의 천재 육성 시스템은 이미 자리를 잡은 상황이었다. 또 20년 전 알리바바, 텐센트 등 중국 인터넷 기업의 첫 번째 물결 때처럼 중국의 최고 인재들은 해외에서 기회를 찾거나 다국적 기업에 합류하는 대신 중국 토종 기술 스타트업에서 일하고자 했다. 중국의 각 가정에 '기술 인재가 되는 순간 부와 명예가 보장된다'는 믿음도 널리 퍼져 있었다. 자녀가 기술 스타트업에 취업하겠다고 하면 말리는 부모가 없다는 이야기다. 중국이 야망, 자원, 영향력 면에서 실리콘밸리와 경쟁할 수 있는 조건을 갖춘 것이다.

'천재 군단'을 꾸릴 수 있었던 중국의 거대한 AI 인재풀도

놀랍다. 한국을 비롯해 대부분의 국가에서는 고급 AI 연구원을 빠르게 모으기란 불가능에 가깝다. 그러나 중국에서는 국가가 교육 시스템을 일찌감치 조성해 이공계 인재들을 대거 키우고, 거대 기업들을 지휘해 이들을 대우했다. 중국에서는 매년 1,000만 명이 넘는 대졸자가 쏟아져 나오는데, 절반에 가까운 500만 명이 '과학, 기술, 공학, 수학STEM' 분야 전공자다.[35] 량원평은 그렇게 다져진 기반 위에서 '장인 정신'을 발휘해 천재군단을 구축한 것이다.

딥시크의 여신, 뤄푸리

량원평이 선호하는 인재는 어떤 모습일까. 딥시크의 초기 모델 개발에 큰 기여를 한 '주우후九五後(1995년 이후 출생자) AI 여신' 뤄푸리羅福莉가 전형적인 예다. 뤄푸리는 딥시크 AI 모델의 혁신적인 기법을 초기에 도입한 V2 모델 개발을 주도했다고 한다.

뤄푸리는 중국의 첨단 기술 인재 우대 흐름 속에 적극적으로 몸을 맡긴 인물이고, 오랜 세월 빚어진 천재다. 중국 신문《루중천보魯中晨報》에 따르면, 그는 쓰촨성 이빈시의 농촌 마을 출신이다. 아버지는 전기기사였고, 어머니는 교사였다.[36] 고 3 때 부모가 성省내 대학에 진학하라고 권했지만 2015년 베이징사범대학교 전자학과에 입학했다. 1학년이 끝날 무렵 교수가 "전자학과보다 컴퓨터학과의 미래가 밝고, 석사 진학의 길도 넓다"고 조언해 컴퓨터학과로 전과했다. 이를 위해 독학으로 3개월 만에 코딩 언어인 파이썬Python을 익혔다고 한다. 3학년 때는 베이징대학교 AI 연구소에서 인턴을 했다. 나흘은 베이징대학교에서 실험을 하고, 이틀은 베이징사범대학교에서 수업을 듣는 식이었다.[37] 이후 인간의 언어를 컴퓨터가 이해하도록 하는 '자연어 처리NLP' 분야 연구기관인 베이징대학교 컴퓨터 언어학 연구소에서 석사 과정을 밟았다.

뤄푸리는 연구소에서 공부한 마지막 해인 2019년에 세계적으로 권위 있는 NLP 학술대회인 ACL에 무려 8편의 논문을 발표하면서, 중국 소셜미디어에서 'AI 여신'으로 불렸다. 같은 해 석사 학위를 받자마자 알리바바 산하의 AI 연구개발 부문인 다모DAMO 아카데미에 합류해 다국어 사전학습 AI 모델 VECO 개발에 참여했고, 알리바바의 첫 거대언어모델LLM 앨리스마인드AliceMind 개발에서 일부 프로젝트 책임자를 맡았다. 2022년에는 딥시크의 모태인 AI 기반 투자회사인 환팡량화로 자리를 옮겼다. 2023년에는 또다시 딥시크로 이직해 자연어 처리 분야의 전문성을 살려 딥시크 V2 모델 개발을 주도했다.

딥시크는 설립 초반에 뤄푸리를 대외적으로 '홍보 모델'처럼 내세웠는데, 그 이유 중 하나는 그가 '량원펑의 거울' 같은 존재이기 때문이라고 본다. 농촌 출신, 교사 부모, 명문대 합격을 통한 상경上京, 대학에서의 전공 변경, 압도적인 천재성까지 그 둘 사이에는 비슷한 점이 많다.

게다가 그는 량원펑이 가장 중요하게 생각하는 자연어 처리 분야의 전문가였다. 량원펑은 2023년 인터뷰에서 "우리는 인간 지능의 본질이 언어일 수 있다는 가설을 검증하려고 합니다. 인간의 사고 과정이 언어의 과정일지도 모른다고 생각합니다"라고 말했다. 또한 이런 말도 했다. "우리가 생각한다고 여기는 것들이 사실은 우리가 뇌에서 언어를 조합하고 있는 과정일 수 있습니다. 이는 대형언어모델에서 인간과 유사한 범용 AI가 탄생할 가능성을 의미합니다."[38]

량원펑이 키운 인재의 몸값은 어느 정도일까. 중국 IT 업계에서는 딥시크가 세계적으로 뜨기도 전에 '뤄푸리 모시기'에 혈안이었다. 중국의 대표 IT 기업 샤오미의 창업자 레이쥔雷军은 2024년 12월 그에게 1,000만 위안(약 20억 원)이 넘는 연봉을 제안했다고 한다. 샤오미는 2016년 산하 AI 연구소를 설립한 이후 2023년까지 3,000명이 넘는 인재를 흡수했다.[39] 베이징의 한 테크 기업 관계자는 "뤄푸리가 만약 창업을 한다면 하루아침에 수억 위안을 투자받을 수 있다"고 했다.

미국이 뿌린 중국 AI의 씨앗

2025년 2월 베이징 하이뎬구에 위치한 딥시크 연구소를 찾아 갔다. 베이징의 한 투자업계 종사자로부터 "딥시크 항저우 본사는 껍데기고 고급 인력들이 모여 있는 베이징의 연구소가 핵심 거점"이란 말을 들었기 때문이다. 연구소는 베이징에서 가장 비싸다고 알려진 오피스 건물에 둥지를 틀고 있었다. 신생 회사인 딥시크가 5층 전체를 사용하고 있었고, 이웃 기업들은 바이두와 같은 빅테크였다.

딥시크의 천재군단(2024년 기준 139명)을 살펴보면 베이징에 위치한 대학을 졸업한 이들이 많다. 중국 선전시파이파이왕투자회사의 집계에 따르면, 약력을 확인할 수 있는 딥시크 연구원

40여 명 가운데 20명이 베이징대학교, 9명이 칭화대학교 출신이었다.[40] 딥시크가 발표한 논문의 저자 리스트를 바탕으로 연구원 53명의 약력을 조사한 결과에서도 베이징대학교 출신이 21명으로 제일 많았고, 칭화대학교 출신은 7명으로 2위였다.[41] 베이징대학교와 칭화대학교는 중국의 AI 전략을 떠받치는 인력 양성소다. 2024년 세계 3대 AI 학회(NeurIPS, ICML, ICLR)에 채택된 논문의 저자 수를 집계한 결과, 칭화대학교와 베이징대학교가 각각 2위와 4위를 기록했다. 1위는 구글, 3위는 스탠퍼드대학교였다.[42]

딥시크의 연구원들은 신경망, 자연어 처리, 머신러닝 등 AI의 주요 분야에서 활발히 논문을 써온 이들이기도 했다. 구글 스콜라에 프로필이 올라 있는 베이징항공항천대학교 박사 출신 우위吳俁 거대언어모델 팀장과 중산대학교 출신 궈다야郭达雅 연구원은 각각 약 1만 건의 논문 피인용 횟수를 보유하고 있다.

딥시크는 토종 연구원이 대부분을 차지한다는 사실도 확인됐다. 약 92%가 베이징대학교·칭화대학교 등 중국에서 학위를 마쳤고,[43] 해외 출신은 10%도 되지 않았다. 하얼빈공업대학교·베이징항공항천대학교 출신도 각각 2명이 포함돼 있었다. 두 대학교는 중국군과 관계가 깊은 '국방 7공자國防七子' 대학교로 분류돼 미국의 제재를 받는 곳이기도 하다.

해외파 연구원은 스탠퍼드대학교·텍사스대학교(미국), 모나시대학교(호주), 에든버러대학교(영국)를 나온 4명뿐이었다. 호주 모나시대학교에서 2024년 박사 학위를 받은 판즈정潘梓正은 엔비디아를 뿌리치고 딥시크를 선택한 것으로 유명하다. 그는 2023년 여름 엔비디아에서 4개월 동안 인턴으로 일했고, 엔비디아로부터 연구원 입사를 제안받았지만 고사했다. 2025년 1월 27일 딥시크가 미국 애플 앱스토어 무료 앱 다운로드 순위에서 1위를 차지하자 그의 엔비디아 인턴 시절 멘토였던 위즈딩Zhiding Yu 시니어 연구원은 X(구 트위터)에 "즈정이 딥시크를 선택한 결정은 내게 깊은 인상을 남겼다. 우리(엔비디아)의 많은 인재들은 중국에서 왔지만, 이들이 반드시 미국 기업에 있어야만 성공할 수 있는 것이 아니다"라고 썼다.

아이러니하게도 딥시크의 천재군단을 살펴보면 미국의 숨은 기여를 찾을 수 있다. 딥시크 연구소에서 1.8킬로미터를 걸어가면 마이크로소프트MS 부설 연구기관 '마이크로소프트 리서치 아시아MSRA'가 나오는데, 이곳에서 딥시크의 연구원 상당수가 경력을 쌓았다. 약력이 확인된 딥시크 연구원 53명 중 10명이 MSRA에서 인턴 경험을 쌓았고 MSRA 수석연구원 출신도 있다.

오픈AI의 최대 주주인 MS가 세운 MSRA는 중국에서 기술 인재를 육성하기를 바랐던 빌 게이츠가 1998년 대만 유명 컴퓨터 공학자 리카이푸와 손잡고 설립한 연구기관이다. 한때 중국에서 9,000명이 넘는 직원을 고용했고, 그중 80% 이상이 엔지니어 또는 연구원이었다. 알리바바 최고기술책임자 왕젠, 센스타임 최고경영자 쉬리 등을 길러내며 한때 중국의 빅테크 인재 육성소로 이름을 날렸다. 그러나 미·중 기술 경쟁 여파 속에서 MS는 2023년부터 MSRA 소속 AI 연구진을 서구로 재배치했고, 기관의 고급 인력 수는 급속도로 줄어들었다. 딥시크의 천재군단은 중국에서 마지막으로 MSRA의 혜택을 받은 경우라고 할 수 있다.

딥시크 천재군단의 업무 방식은 어떨까? 량원펑은 '최소한의 관리'와 '자연 분업' 두가지 원칙을 말한다. 그는 "혁신은 최대한 적은 간섭과 최소한의 관리 속에서 탄생한다. 모든 구성원이 자유롭게 생각하고, 도전하고, 실수할 수 있는 기회를 가지도록 한다"[44]고 했다. 실제로 딥시크에서는 연구원들이 원하는 만큼 자유롭게 AI 반도체를 이용해 실험할 수 있고, 다른 연구원들을 참여시켜 개별 프로젝트를 진행할 수도 있다. 처음부터 업무를 명확하게 나누지 않고 연구원들이 스스로 관심 있는 주제를 정해서 일하고, 협력하는 방식이다.

어느 정도 아이디어가 성숙해지면 그제서야 량원펑을 비롯한 시니어 연구원들이 달려들어 완성도를 높인다. 딥시크 AI 모델에 사용된 '통문장 독해법MLA'도 한 젊은 연구원의 아이디어

딥시크 R1 개발진 프로필 분석(단위: 명)

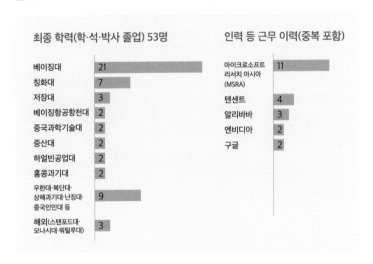

최종 학력(학·석·박사 졸업) 53명

대학	명
베이징대	21
칭화대	7
저장대	3
베이징항공항천대	2
중국과학기술대	2
중산대	2
하얼빈공업대	2
홍콩과기대	2
우한대·복단대·상해과기대·난징대·중국인민대 등	9
해외(스탠포드대·모나시대·워털루대)	3

인력 등 근무 이력(중복 포함)

기업	명
마이크로소프트 리서치 아시아(MSRA)	11
텐센트	4
알리바바	3
엔비디아	2
구글	2

국가별 AI 특허 출원 누적 건수(단위: 건)

국가	건수
중국	3만 2,810
미국	6,276
한국	4,155
일본	3,409
인도	1,350
영국	714
독일	708

출처: 경향신문

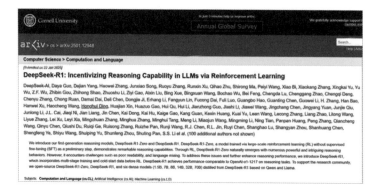

ar{iv > cs > arXiv:2501.12948

Search...
Help | Adv

Computer Science > Computation and Language

[Submitted on 22 Jan 2025]

DeepSeek-R1: Incentivizing Reasoning Capability in LLMs via Reinforcement Learning

DeepSeek-AI, Daya Guo, Dejian Yang, Haowei Zhang, Junxiao Song, Ruoyu Zhang, Runxin Xu, Qihao Zhu, Shirong Ma, Peiyi Wang, Xiao Bi, Xiaokang Zhang, Xingkai Yu, Yu Wu, Z.F. Wu, Zhibin Gou, Zhihong Shao, Zhuoshu Li, Ziyi Gao, Aixin Liu, Bing Xue, Bingxuan Wang, Bochao Wu, Bei Feng, Chengda Lu, Chenggang Zhao, Chengqi Deng, Chenyu Zhang, Chong Ruan, Damai Dai, Deli Chen, Dongjie Ji, Erhang Li, Fangyun Lin, Fucong Dai, Fuli Luo, Guangbo Hao, Guanting Chen, Guowei Li, H. Zhang, Han Bao, Hanwei Xu, Haocheng Wang, Honghui Ding, Huajian Xin, Huazuo Gao, Hui Qu, Hui Li, Jianzhong Guo, Jiashi Li, Jiawei Wang, Jingchang Chen, Jingyang Yuan, Junjie Qiu, Junlong Li, J.L. Cai, Jiaqi Ni, Jian Liang, Jin Chen, Kai Dong, Kai Hu, Kaige Gao, Kang Guan, Kexin Huang, Kuai Yu, Lean Wang, Lecong Zhang, Liang Zhao, Litong Wang, Liyue Zhang, Lei Xu, Leyi Xia, Mingchuan Zhang, Minghua Zhang, Minghui Tang, Meng Li, Miaojun Wang, Mingming Li, Ning Tian, Panpan Huang, Peng Zhang, Qiancheng Wang, Qinyu Chen, Qiushi Du, Ruiqi Ge, Ruisong Zhang, Ruizhe Pan, Runji Wang, R.J. Chen, R.L. Jin, Ruyi Chen, Shanghao Lu, Shangyan Zhou, Shanhuang Chen, Shengfeng Ye, Shiyu Wang, Shuiping Yu, Shunfeng Zhou, Shuting Pan, S.S. Li et al. (100 additional authors not shown)

We introduce our first-generation reasoning models, DeepSeek-R1-Zero and DeepSeek-R1. DeepSeek-R1-Zero, a model trained via large-scale reinforcement learning (RL) without supervised fine-tuning (SFT) as a preliminary step, demonstrates remarkable reasoning capabilities. Through RL, DeepSeek-R1-Zero naturally emerges with numerous powerful and intriguing reasoning behaviors. However, it encounters challenges such as poor readability, and language mixing. To address these issues and further enhance reasoning performance, we introduce DeepSeek-R1, which incorporates multi-stage training and cold-start data before RL. DeepSeek-R1 achieves performance comparable to OpenAI-o1-1217 on reasoning tasks. To support the research community, we open-source DeepSeek-R1-Zero, DeepSeek-R1, and six dense models (1.5B, 7B, 8B, 14B, 32B, 70B) distilled from DeepSeek-R1 based on Qwen and Llama.

Subjects: Computation and Language (cs.CL); Artificial Intelligence (cs.AI); Machine Learning (cs.LG)

2025년 1월 22일 논문공개 사이트 '아카이브arXiv'에 올라온 '딥시크 R1: 강화 학습을 통한 대형언어모델LLM 추론 능력 강화'의 저자 리스트.

DeepSeek-R1: Incentivizing Reasoning Capability in LLMs via Reinforcement Learning

DeepSeek-AI

research@deepseek.com

Abstract

We introduce our first-generation reasoning models, DeepSeek-R1-Zero and DeepSeek-R1. DeepSeek-R1-Zero, a model trained via large-scale reinforcement learning (RL) without supervised fine-tuning (SFT) as a preliminary step, demonstrates remarkable reasoning capabilities. Through RL, DeepSeek-R1-Zero naturally emerges with numerous powerful and intriguing reasoning behaviors. However, it encounters challenges such as poor readability, and language mixing. To address these issues and further enhance reasoning performance, we introduce DeepSeek-R1, which incorporates multi-stage training and cold-start data before RL. DeepSeek-R1 achieves performance comparable to OpenAI-o1-1217 on reasoning tasks. To support the research community, we open-source DeepSeek-R1-Zero, DeepSeek-R1, and six dense models (1.5B, 7B, 8B, 14B, 32B, 70B) distilled from DeepSeek-R1 based on Qwen and Llama.

[cs.CL] 22 Jan 2025

2025년 1월 22일 논문공개 사이트 '아카이브arXiv'에 올라온 '딥시크 R1: 강화 학습을 통한 대형언어모델LLM 추론 능력 강화'.

딥시크 딥쇼크

에서 탄생했다. 량원펑은 "(MLA 아이디어를 떠올린) 그 연구원은 기존 AI 모델의 구조를 대체할 새로운 방안을 떠올렸습니다. 우리는 즉시 전담팀을 구성해 몇 개월 동안 실험을 반복했고, 결국 성공했습니다"라고 말했다.

중국의 수백 개 AI 회사 중 하나

1월 20일, 중국의 토종 천재들이 만든 딥시크의 최신 AI 모델 'R1'이 공개되면서 미국과 중국의 AI 전쟁의 새 막이 열렸다. AI 성능을 비교할 때 국제적으로 통용되는 벤치마크(성능 평가 기준) 평가에서 딥시크가 21개 항목 중 12개에서 오픈AI의 AI 모델을 앞섰다. 미국 빅테크 모델과 비교했을 때, 딥시크의 훈련 비용은 낮았고 AI 반도체(GPU) 사용량은 적었다. 중국이 자국만의 방식으로 고성능 AI를 손에 넣은 사실은 미국뿐만 아니라 전 세계를 긴장하게 했다.

딥시크의 틀을 깨는 기술이 특히 감탄을 자아냈다. 미국 나스닥에 상장한 클라우드 서비스 기업 드롭박스의 모건 브라운

AI 부사장은 "딥시크는 모든 것을 처음부터 다시 생각해 창조했다"면서 그 장점을 이렇게 요약했다.[45]

저렴한 개발 가격: 오픈AI, 앤트로픽 같은 미국 회사들은 AI 모델 개발에 1억 달러 이상을 쓰며, 4만 달러짜리 AI 반도체(GPU) 수천 대를 탑재한 데이터 센터를 운영한다. 발전소 전체를 써서 공장을 운영하는 방식이다. 그러나 딥시크는 500만 달러로 같은 것을 만들어냈다.

메모리 사용량 감소: 기존 AI는 모든 숫자를 소숫점 32자리까지 기록(32비트 답변)했다면 딥시크는 "8자리(8비트 답변)만 기록하면 어떨까?"로 접근했다. 결국 32비트와 8비트를 오가는 답변 방식으로 메모리 사용량이 75% 감소했다.

MLA 기법: 미국의 AI는 "고양이… 앉아… 있다"라고 단어를 끊어서 읽지만, 딥시크는 문장 전체를 한 번에 읽는다. 이로써 2배 더 빠르게 가동되고, 정확도는 90%에 이른다.

전문가혼합MoE **구조:** 거대한 AI가 모든 것을 답하는 대신 '내부의 전문가'를 각각 훈련시켜 두고 필요할 때 호출할 수 있는 구조를 설계했다. 기존 모델은 1조 8,000억 개의 파라미터가 항상 활성화되어야 하지만, 딥시크는 6,710억 개의 파라미터 중 370억 개만 활성화된다.

국가별 초거대 AI 모델 개발 현황 (2023년 기준)

순위	국가명	모델 수	대표 회사
1	미국	64	구글(제미나이), 메타(라마), 오픈AI(GPT), 퍼플렉시티(퍼플렉시티), 앤트로픽(클로드)
2	중국	42	딥시크(딥시크), 바이두(원신이옌), 알리바바(퉁이첸원)
3	한국	11	네이버(하이퍼클로바), 삼성전자(가우스)
4	프랑스	6	라이트온(라이트온), 미스트랄AI(미스트랄)
5	영국	5	
6	일본	3	
6	이스라엘	3	
6	홍콩	3	
9	캐나다	2	
9	독일	2	
9	러시아	2	
9	아랍에미리트	2	

출처: 에포크AI·한국소프트웨어정책연구원

모건 브라운은 딥시크 쇼크의 여파로 빅테크만이 AI를 다룰 수 있다는 믿음이 깨졌고, 수십억 달러짜리 데이터 센터가 필요하지 않게 됐다고 평가했다. 그러면서 "메타의 인력은 딥시크 진체 AI 훈련 예산보다 더 많은 연봉을 받으면서 왜 더 나은 성과를 내지 못하느냐"고 비판했다.

미국은 당혹스러운 상황을 맞이했다. 딥시크로 인해 미국의 대중국 기술 제재가 한계를 맞이했다는 사실이 만천하에 드러났기 때문이다. 딥시크는 2025년 1월 22일 공개한 기술 보고서에서 AI 모델 개발에 엔비디아의 저사양 반도체 'H800' 2,048개를 사용했다고 밝혔다. H800은 엔비디아가 미국의 대중국 제재를 피해 중국에 판매하기 위해 만든 별도의 반도체다. 미국 CNN 방송은 "잘 알려지지 않은 AI 스타트업의 놀라운 성과는 미국이 지난 수년 동안 국가 안보를 이유로 고성능 AI 칩의 중국 공급을 제한했다는 점을 고려하면 더욱 충격적"이라고 평가했다.

무엇보다 딥시크는 우연의 산물이 아니란 점이 모두의 등골을 서늘하게 했다. 중국에서 제2, 제3의 딥시크가 나오고 있었다. 딥시크의 'R1' 모델이 공개된 지 2시간 만에 칭화대학교 출신 AI 전문가가 설립한 중국 스타트업 문샷 AI가 '키미 K1.5'를 공개했다. 문샷 AI 측은 "K1.5가 미국 앤스로픽의 '클로드 3.5

소넷'을 능가하는 추론 능력을 갖추고 있으며, 오픈AI의 최신 모델에 필적하는 성능을 지녔다"고 주장했다.

중국의 전자상거래 업체 알리바바는 2025년 1월 29일 AI 모델 '큐원Qwen 2.5 맥스'를 출시하며 "오픈AI의 GPT-4o, 딥시크의 V3, 메타의 라마 3.1을 거의 모든 영역에서 능가한다"고 자랑했다. 틱톡의 모회사인 중국의 바이트댄스도 업그레이드된 자사 AI 모델 '더우바오 1.5 프로'를 비슷한 시기에 공개했다. 바이트댄스는 "더우바오의 새 모델은 오픈AI의 GPT-4o, 앤스로픽의 클로드 3.5 소넷 등 최신 모델과 비교했을 때 복잡한 명령 이해, 수학적 이해, 이미지 분석 등 여러 항목에서 비슷하거나 더 나은 점수를 받았다"고 밝혔다. 딥시크는 당초 수백 개의 중국 AI 모델 개발사 중 하나였으니 또 다른 다크호스가 등장해도 전혀 이상한 일이 아니었다.

21세기에 재등장한 초나라의 시

중국의 영웅으로 돌아온 량원펑은 2025년 1월 20일 이례적으로 '총리 좌담회'에 초청됐다. 중국의 피라미드 구조에서 정치는 경제 위에 군림하기에 기업인의 지도자 접견은 영광스러운 일이었다. 중국《신화통신》에 따르면, 중국 국가 서열 2위인 리창은 이날 오후 각계 전문가, 기업가들을 모아놓고 좌담회를 주재하여 '정부 업무 보고서'에 대한 의견과 제안을 청취했다.[46] 참석자 중에 AI 산업 리더는 량원펑이 유일했다. 저장대학교를 나와 저장성 항저우시에서 기업을 성공시킨 량원펑이 저장성 출신의 리창과 꽌시를 맺는 역사적인 순간이었다.

이 자리는 딥시크가 정부의 '픽'이라는 사실을 모두에게 확인시켜줬다. 다시 말해 국정 운영 기조에 부합하는 모범 기업이란 '인증'을 받은 것이다. 시진핑 중국 국가주석이 집권 3기를 맞아 전면에 내세운 구호는 '고품질 발전'과 '신품질 생산력'으로, 첨단 기술이 주도하는 신新경제 모델 구축이 최우선 과제다. 최근 2년 동안 발표된 중국 지도부의 각종 회의 발표문에서는 한결같이 '기술 돌파'가 강조됐다.

하지만 량원펑이 걸어온 길을 돌아보면, 그가 처음부터 국가의 선택을 받은 황태자는 아니라는 점은 분명하다. '국민의 역적'에서 '국민의 영웅'으로 떠오르기까지 많은 우여곡절이 있었다. 보이지 않는 곳에서 량원펑은 굴원屈原의 시를 읊조리며 "이 나라에는 나를 알아주는 사람이 없네"라고 한탄했을지도 모른다.

이 책의 프롤로그에서 딥시크란 회사명이 굴원의 시 한 구절을 연상케 한다고 했는데, 우연이 아닐 수 있다. 딥시크의 중국명인 '심도 있는 탐색深度求索'은 탐색을 뜻하는 단어로 '구색求索'을 골랐는데, 이 단어를 본 중국인이라면 누구나 굴원의 시 '이소'를 떠올릴 것이다.

량원펑이 굴원을 자신과 동일시했는지는 알 수 없지만, 두 사람은 시대를 초월한 개척자로서 닮은 점이 많다. 한 사람은 기원전 4세기 집단 시詩 창작 체제를 벗어난 중국 최초의 시인이었고, 또 한 사람은 21세기 AI 모델의 개발 방식을 뒤엎은 스타트업 수장이다.

기존 질서에 도전했다는 점에서 두 사람의 궤적이 비슷하다. 굴원은 초나라의 왕에게 충성을 바치면서도, 부패한 조정과 보수적인 정치 체제에 맞섰다. 그는 개혁을 주장했지만, 결국 왕과 귀족들의 미움을 사서 유배당했다. 비슷하게 량원평도 중국 금융 시장에서 퀀트 투자의 길을 개척하며 기존의 투자 방식과 정면으로 맞섰다. 감感에 의존하는 전통적인 투자 전략을 거부하고, AI를 활용한 혁신적인 시스템을 도입했다. 그러나 굴원이 초나라에서 받아들여지지 못했던 것처럼, 량원평 역시 중국 금융 당국과 국민들에게 '역적'으로 몰렸고 규제 속에서 사업을 축소해야 했다.

그렇게 절망 속에서 두 사람은 각각 걸작을 남겼다. 굴원은 혼자의 힘으로 〈이소離騷〉, 〈천문天問〉, 〈주거九歌〉 등의 명시를 남겼고, 4글자가 한 문장을 이루는 전통 작법을 타파했다. 량원평은 자식과도 같은 환팡량화를 각종 정부 규제 속에 묻어두고, 2023년 딥시크를 설립해 1년여 만에 혁신적인 AI 모델을 출시했다.

다만 현재로서는 두 사람의 '결말'이 다를 가능성이 크다. 굴원은 "나는 아름다운 것에만 얽매여 아침에 충언을 올렸다가 저녁에 버림받았다"면서 울었고, 초나라가 망했다는 소식을 듣고는 멱라강에 투신해 세상을 떠났다. 그러나 량원펑은 무대를 바꿔 국가가 원하는 AI 기술 돌파에 매진했고, 미국의 대중국 규제와 실리콘밸리 빅테크들의 '이너서클'을 뚫으며 국가의 영웅으로 떠올랐다. '국가와 천재의 콜라보'는 실패하기 어려운 전략이었으니 그가 무대에 오르는 순간 성공은 예견된 것이었다.

Part 2

중국의
큰 그림

DEEPSEEK
DEEPSHOCK

《석단연기》의 교훈

조선의 사신이 청나라를 다녀온 기록^{燕行錄} 중 하나인 권시형의
《석단연기^{石炭燕記}》에는 베이징의 생소한 석탄 냄새에 대해 "그
냄새가 구역질나게 만들며, 굴뚝으로 나온 연기로 도시는 온통
흙빛"이란 묘사가 나온다. 이 책은 무관 권시형^{權時亨}이 부사비
장^{副使裨將}(조선시대 부사가 데리고 다니던 관료)의 신분으로 연행을
다녀와 쓴 것으로,[1] 1850년 11월 압록강을 건넌 시점부터 이듬
해 2월 조선으로 돌아오기까지의 여정을 담았다. 여기서 권시
형이 낮잡아본 석탄은 청나라의 중요한 에너지원이었다. 화력
이 세서 단단한 쇠를 제련할 수 있었기에 청나라의 무기와 농기
구는 조선의 것보다 견고하고 예리했다.[2] 31년이 지난 뒤 선비

양진화梁鎭華가 조정에 상소문을 올린다. "중국과 서양에서는 석탄으로 물건을 만듭니다. 나라를 부강하게 할 것은 바로 석탄입니다."

우리가 불쾌하게 여겼던 지점에 중국의 경쟁력이 숨겨져 있었다는 점에 주목해야 한다. 딥시크 또한 외부에서 중국에 대해 불편하게 여기는 요소들이 첨단 기술 발전에서 긍정적으로 작용한 산물이다. 표면적으로는 '괴짜'로 여겨지는 젊은 창업자의 수제품처럼 보이지만, 실상은 정부, 1세대 대기업, 교육 시스템, 연구기관이 톱니바퀴처럼 돌아가는 사회주의식 '거국동원 체제(산·학·연 및 국민 총동원)'가 찍어낸 공산품의 하나다. 앞으로 제2, 제3의 딥시크가 계속해서 나올 수밖에 없는 이유다. 연암 박지원도《열하일기》에서 "중국의 장관은 (보기에는 좋지 않은) 깨진 기와조각이나 똥거름에 있다"고 말한 바 있다.

중국의 국가 주도 AI 생태계도 겉으로 보기에는 '저래도 될까' 싶지만 내부적으로는 잘 돌아간다. 중국은 2017년 7월 '신시대 인공지능 발전 계획新時代人工智能发展规划'을 발표한 이후 정부 기금 투자, 보조금 지급, 정부 사업 발주로 AI 산업에 자본을 주입했다. 2024년 5월 출범한 국영 반도체 산업 육성 펀드인 3기 대기금(국가집적회로산업투자펀드国家集成电路产业投资基金)[3]은 3,400억 위안(약 68조 원) 규모인데, 특히 AI 반도체에 집중 투자되었다.[4]

11월에는 3기 대기금과 상하이 궈즈터우 사모펀드国智投私募基金가 손잡고 600억 위안(약 12조 원) 규모의 국가인공지능산업투자기금国家人工智能产业投资基金을 출범했다.[5]

전국의 연구기관들은 국가로부터 세부 과제를 암묵적으로 배정받아 연구 속도전을 펼치고 있다. 베이징 즈위안인공지능연구원北京智源人工智能研究院은 자연어 처리(사람의 언어를 컴퓨터가 이해하도록 하는 기술), 저장대학교 스마트반도체 및 시스템연구센터浙江大学智能芯片与系统研究中心는 AI 반도체 개발에 집중하고, 칭화대학교는 컴퓨터비전(이미지로 포착한 정보를 컴퓨터로 처리하는 기술), 난징대학교는 빅데이터 처리 기술에 연구 역량을 집중하는 식이다.

거대 기업들은 수율(생산품 중 정상품의 비율)이나 투자 대비 효과ROI를 고려하지 않고 기술 개발과 응용에 집중하면서 AI 산업을 위한 기반 시설을 구축했다. '방대한 데이터의 빠른 계산'이 핵심인 AI 개발에서 꼭 필요한 데이터 저장(D램과 HBM)과 연산(GPU와 AI 가속기)을 위한 반도체를 빠르게 개발한 것이다. 대표적으로 중국 최대 메모리 기업 창신메모리CXMT는 2024년 말 최신 D램 제품인 DDR 5세대를 양산했고, 28만 제곱미터 규모의 고대역폭 메모리HBM(D램을 쌓아서 만든 메모리 반도체) 생산 공장도 짓고 있다. CXMT의 세계 D램 시장 점유율은 2020년

0%에서 2024년 5%까지 늘었다. 화웨이(반도체 설계)와 SMIC(반도체 위탁생산)는 2023년 7월 미국의 반도체 장비 제재를 뚫고 스마트폰용 7나노 반도체를 구형 공정으로 양산해냈다.

빅테크 기업 텐센트·알리바바·화웨이 등은 AI 훈련에 필수인 클라우드 서비스를 앞다퉈 제공했고, 바이두는 구글의 기계학습 라이브러리인 텐서플로우^{TensorFlow}에 대항해 '패들패들^{Paddle Paddle}'이란 중국산 프레임워크를 오픈소스로 공개했다. 느슨한 중국의 개인정보 보호법 아래 더우인(소셜미디어), 웨이신(모바일 메신저), 타오바오(전자상거래) 등 인터넷 플랫폼의 14억 사용자 데이터는 'AI의 석유' 역할을 톡톡히 했다.[6]

AI 모델 구축을 '운동선수 육성'에 비유한다면

- 운동에 필요한 기구: 반도체(엔비디아, 화웨이)

- 운동기구를 빌려 만든 체육관: 클라우드(아마존, 텐센트)

- 트레이너: 프레임워크(구글의 텐서플로우, 바이두의 패들패들)

* AI라는 선수의 훈련(방대한 계산)을 위해 꼭 필요한 운동기구가 반도체고, 효과적인 훈련을 위해 조성한 체육관이 '클라우드'다. 트레이너 격인 '프레임워크'는 훈련의 틀을 제공한다. 참고로 딥시크는 엔비디아의 저사양 반도체를 사용했고, 프레임워크는 자체 조달했다.

세계 AI 기업 수에서 각국이 차지하는 비중

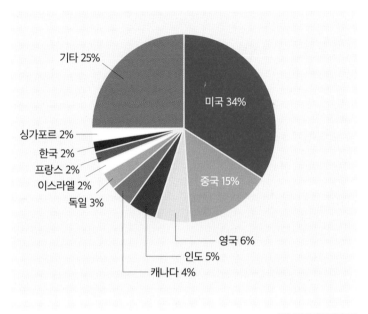

기타 25%

미국 34%

싱가포르 2%
한국 2%
프랑스 2%
이스라엘 2%
독일 3%

중국 15%

영국 6%
인도 5%
캐나다 4%

출처: 중국신식통신연구원

중국에서 AI 기업은 매년 20만 곳 넘게 늘어나고 있다. 2025년 2월 5일, 중국 기업정보시스템 치차차(www.gcc.com)의 집계에 따르면, 중국의 AI 관련 기업은 2020년(88만 곳)의 두 배가 넘는 201만 3,800개라고 한다.[7] 국가가 지원하는 AI 산업의 일원이 되기 위해 기업들이 사업 분야에 무리하게 AI를 끼워넣은 결과라는 분석도 있지만, 200만이 넘는 숫자는 한국 전체 기업의 4분의 1이 AI 기업으로 전환해야 따라잡을 수 있는 어마어마한 수치인 것은 분명하다. 중국 명문 글로벌 경영대학원인 장강상학원CKGSB은 2025년 2월 발표한 보고서에서 "중국의 AI 기업들은 독립직인 개체로 경쟁히지 않고, 서로 연결된 생태계ecosystems로서 혁신과 규모, 회복력을 추구하고 있다"[8]고 평가했다.

상업의 논리가 배제된 국가 지휘 체제에서는 '효율적인 업무 배분'과 '칸막이 없는 자원 공유'가 가능했기에, 중국의 AI 산업은 8년 만에 미국을 위협할 정도로 성장할 수 있었다.

국가와 천재의 콜라보

딥시크도 예외 없이 국가의 지원을 등에 업고 성공한 중국 기업이다. AI 모델 개발 과정에서 엔비디아의 저사양 AI 반도체 H800[9]을 썼다고 밝혔지만, 화웨이가 개발한 AI 반도체 '어센드Ascend[10]도 일부 사용했다는 주장이 있다. 베이징의 한 AI 연구자는 "2024년 하반기에 공개된 화웨이의 최신형 AI 반도체 '어센드910C'는 중국의 7대 생성형 AI 개발사로 분류되는 딥시크에게 우선 공급됐을 것"이라고 했다. '어센드910C'의 경우, 엔비디아의 첨단 AI 반도체인 'H100'의 60% 성능(추론 기준)을 갖고 있으면서 가격은 절반 이하라고 중국 업계에서 평가받는다.[11]

물론 딥시크가 엔비디아의 첨단 반도체를 우회 획득했거나 기존에 보유한 물량을 개발에 사용했다는 주장도 있다.[12] 하지만 백 번 양보하더라도 국산 반도체라는 지원군이 없었다면 딥시크의 AI 모델 개발과 구동 과정에서 불확실성이 컸을 것이다. 중국과학원 계열 반도체 회사의 관계자는 "중국의 AI 기반시설이 부실했다면 딥시크가 고성능 AI를 출시할 엄두를 냈겠는가. 전력 없는 나라에서 전자제품을 내놓는 격이었을 것"이라고 설

중국 AI 산업의 피라미드

단계		주요 기업		
상용화		바이두 아폴로 (자율주행)	유니트리(로봇)	아이플라이텍 (통역 단말기)
원천 기술		딥시크 (AI 생성형 모델)	센스타임 (컴퓨터비전)	알리바바 다모연구소 (자연어 처리)
인프라	AI반도체	화웨이(설계)	한우지(설계)	SMIC(제조)
	클라우드	알리바바	화웨이	텐센트
	프레임워크	패들패들 (바이두)	마인드스포어 (화웨이)	엔젤(텐센트)
	데이터	타오바오 (알리바바 전자상거래 플랫폼)	웨이신 (텐센트 메신저)	더우인 (틱톡 중국 버전)
정책 지원		이공계 인재 양성	기초 연구 지원	국가 주도 자본 공급

딥시크 딥쇼크

명했다.

딥시크는 중국의 AI 모델 개발 열풍을 타고 탄생한 회사이기도 하다. 량원펑은 AI 모델 개발사가 늘어나기 시작한 2022년부터 자신이 보유한 엔비디아 반도체 1만 개와 AI 연구 역량을 투입할 협력사와 투자처를 찾아다녔고, "그들이 할 수 있는 건 나도 할 수 있다"는 결론에 이르러 딥시크를 창업했다고 한다.[13] 백화쟁명百花爭鳴식 AI 모델 개발 경쟁이 량원펑에게 창업에 대한 자신감을 심어준 셈이다.

딥시크의 AI 모델보다 한 발 앞서 출시돼 시장 피드백을 받은 1세대 중국 AI들도 훌륭한 참고 사례가 됐을 것이다. 즈푸Zhipu AI와 바이두는 미국 오픈AI가 챗GPT를 출시(2022년 11월 30일)한 지 3개월여 만인 2023년 4월에 독자적인 AI 모델을 내놨고, 그해 커다쉰페이(5월), 화웨이(7월), 텐센트(9월) 등 대기업들도 우후죽순 AI 모델을 출시했다. 중국 인터넷정보센터CNNIC에 따르면, 딥시크가 초기 AI 모델을 내놓았을 시점엔 중국에서 이미 190개의 AI 모델이 나와 있는 상태였다.[14]

량원펑은 딥시크 창업 당시, 인재와 자본에 대한 걱정도 없었다. 딥시크의 '드림팀'이 중국 토종 인재로 대부분 채워진 배경에는 매년 500만 명의 STEM(과학·기술·공학·수학) 전공 졸업생이 쏟아지는 중국의 이공계 인재 육성 시스템이 있다. 또 전

중국 AI 산업 시장 규모 추이

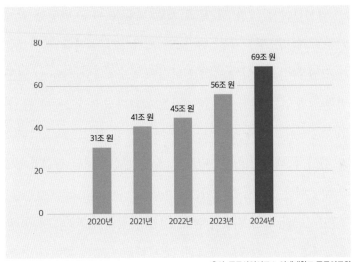

출처: 중국산업연구소·연세대학교 중국연구원

세계 상위 20% 수준의 AI 연구자 가운데 중국 출신이 47%를 차지한다. 최고급 AI 연구자(전 세계 상위 2%)의 출신국을 봐도 중국(26%)이 미국(28%)에 밀리지 않는다.[15]

  량원펑의 모교인 저장대학교 교우회의 관계자는 "딥시크를 향한 대기업 자본의 러브콜은 설립 초기부터 계속됐다"고 했다. 량원펑은 과거 중국 매체와의 인터뷰에서 "연구를 우선하는 우리의 방식으로는 투자자들로부터 자금을 받기 어렵다"[16]고 말했지만, 실상은 본인 소유 유한투자회사 2개를 이용해 딥시크 안에 '마트료시카(러시아 민속품 인형. 큰 인형 안에 계속 작은 인형이 들어 있어, 일종의 먹이사슬을 연상시킨다)' 지분 구조를 만들었고 투자 유치에는 소극적으로 임했다. 중국 1위에 올랐던 퀀트 투자회사 환팡량화의 현직 수장으로서 수중에 돈이 넉넉하기도 했겠지만, 기술 역량만 입증하면 언제든 대규모 자본이 굴러들어 온다는 확신이 있었던 것이다.

딥시크는 설립 19개월 만에 기업가치가 80억~100억 달러(약 12조~15조 원)로 불어났으니[17] 섣불리 투자를 받지 않은 결정이 옳았다고 할 수 있다. 중국의 한 거물 투자자는 "딥시크가 '공익을 위해 일하는 사기업private company to build public good'이란 순수한 정체성을 유지할 수 있다면 더 좋을 것"이란 글을 위챗(중국판 카카오톡)에 올려 향후 이 회사에 국가 주도 자금이 흘러갈 가능성을 점치기도 했다. 2024년에만 중국 국가 주도로 조성된 AI 관련 펀드가 80조 원 규모에 달한 것을 보면,[18] 충분히 가능한 일이다.

중국 지도부의 지침을 충실하게 따르는 1세대 빅테크 기업들은 2025년 1월 27일 딥시크가 세계적인 주목을 받자 '지원부대'를 자처했다. 무시沐曦, 텐수즈신天数智心 등 '중국판 엔비디아'를 노리는 16곳의 반도체 회사들은 고객사들이 딥시크 AI 모델을 자사 반도체로 구동 가능하도록 즉각적인 최적화 작업에 나섰다.[19] 베이징 하이뎬구의 AI 반도체 회사 소속 연구원은 "전국 20여 곳의 반도체 회사 엔지니어들이 춘제(중국 설) 연휴 기간에 출근해 연일 야근했다"고 말했다.

대표적인 애국 IT 기업인 360그룹은 무상으로 딥시크를 위한 안보 시스템을 제공했고,[20] 1월 말에는 급기야 "전적으로 국산 AI 모델인 딥시크를 지원하자"는 제목의 국민 호소문을 올렸다. 중국판 인스타그램인 샤오훙수는 딥시크의 '소셜미디어 매니저'가 되어 대외 홍보 창구를 맡는 동시에 정보 검열에 나섰다. 샤오훙수와 관계가 깊은 베이징의 한 지인은 "풍부한 데이터와 양질의 사용자를 보유한 샤오훙수는 딥시크 창립 초기에 투자 의향을 밝혔던 회사로, 지금은 미디어 파트너로서 량원펑을 지원사격한다"고 말했다.

이렇게 중국의 큰 그림 속에서 딥시크를 들여다 보면, 량원펑의 성공은 국가의 뒷받침 없이는 불가능했다는 것을 알 수 있다. 전 국민을 동원해 닦아놓은 AI 기반 시설과 인재풀, 정책 지원 속에서 딥시크란 혁신 기업이 탄생한 것이다.

더 나아가 량원펑이 '국가의 부름'을 받아 미·중 AI 전쟁의 최전선에 섰다는 추정도 해볼 수 있다. 앞서 언급했듯이 딥시크가 세계적인 주목을 받기 전인 2025년 1월 20일에 량원펑과 리창 중국 총리(중국 서열 2위)의 공개 만남이 이뤄졌다. 이 회사가

딥시크 딥쇼크

이전부터 국가의 보호와 지원을 받는 '특별 관리 대상'이었다는 의미다. 중국 1위 퀀트 투자 펀드의 수장으로서 20조 원의 자금을 주무르던 량원펑이 당국의 금융 규제 강화 속에 돌연 딥시크를 창업한 과정도 곱씹을수록 의미심장하다.

그가 딥시크 창업을 공개적으로 발표한 2023년 4월은 중국의 기술혁신 사령탑인 중앙과학기술위원회中央科技委员会가 출범한 다음 달이었다. 이 조직의 수장은 시진핑의 최측근인 딩쉐샹 국무원 부총리(국가 서열 6위)이고, 기구 출범 당시 국가의 세부적인 첨단 기술 육성 정책이 연구소와 대학에 집중되지 않고 민간 기업 대상으로 확대될 것이란 메시지를 담고 있었다.

이후 딥시크가 야심차게 출시한 두 AI 모델의 공개 시점도 범상치 않다. V3는 미국의 최대 명절인 크리스마스(2024년 12월 25일)에, R1은 도널드 트럼프 미국 대통령의 취임일(2025년 1월 20일)에 각각 공개됐다. 중국의 한 이름 모를 기술 기업이 미·중 경쟁 속 중국의 기술 돌파 정책과 맞물려 탄생하고, 상업적 이익이 아니라 미국에 대항하는 것이 목표인 것처럼 움직였다는 점이 무척 흥미롭다.

사실 중국의 첨단 기술 발전사를 훑어보면 국가가 천재를 산업 리더로 낙점해 전폭적으로 밀어주는 전통이 있다. 예를 들어, 중국 미사일 개발의 아버지로 불리는 첸쉐선钱学森(1911~

2009)은 미국에서 학자로 큰 성공을 거두었지만 공산주의자로 몰렸다. 이후 마오쩌둥이 그를 '귀빈'으로 받아들였고, 44세의 나이에 중국으로 돌아온 그는 핵무기 개발(1964년)과 인공위성 발사(1970년)까지 성공시킨다.

세계 1위에 오른 드론 기업 DJI(2006년 설립)와 중국 최초로 세계적인 인기를 얻은 소셜미디어 틱톡(2012년)은 각각 젊은 청년 왕타오(26세)와 장이밍(29세)이 창업해 국가의 전폭적인 정책 지원 속에 빠르게 덩치를 불렸다. 2024년 12월 중국 증시에서 뜬금 없이 우량주로 편입된 반도체 설계 기업 '한우지寒武纪', 설립 2년 만에 중국 대표 휴머노이드(인간형 로봇) 기업으로 성장한 '즈위안智元' 등도 젊은 천재가 한두 해 만에 업계 최고봉이 된 사례다. 미국의 대對중국 반도체 제재에 대항하는 비밀스러운 비상장 기업인 CXMT(중국 최대 D램 제조사), 유니SOC(중국 2위 반도체 설계 기업)도 칭화대학교 출신의 40대 초반 천재들이 창업자였다.

베이징의 한 테크 업계 관계자는 "중국은 국가적 혁신이 필요한 과제 앞에 설 때마다 정부 주도 경제가 피할 수 없는 경직성이라는 한계를 보완하기 위해 젊고 유연한 '소년병'의 두뇌와 열정을 빌린다"고 했다. 노련한 백발 장수보다 젊은 천재를 최전선에 세우는 중국의 '캐스팅 원칙'이 놀랍도록 실용적이다.

그러니 중국의 첨단 기술 돌파 전략에 이름을 붙인다면 '국가와 천재의 콜라보레이션'이 적절하지 않을까. 중국 정부가 산·학·연을 지휘해 탄탄한 첨단 기술의 기반을 만든 다음 화룡점정으로 천재를 그 위에 풀어놓으니 말이다. 국가란 뒷배가 있으니 량원펑이 자신 있게 이런 말도 했던 것 같다.

"오픈AI는 신이 아닙니다. 영원히 선두에 서 있을 수는 없습니다. OpenAI也不是神, 不可能一直冲在前面"

천재는 비평준화가 만든다

'천재와 국가의 콜라보'란 전략을 제대로 이해하려면 이 질문에 가장 먼저 답해야 한다.

중국의 천재는 어떻게 만들어지는가?

앞서 이야기했다시피 량원펑은 해외 유학 없이 중국 저장대학교에서 반도체 설계(학부)와 알고리즘(석사)을 공부한 국내파다. 그가 뽑은 개발진도 해외 빅테크의 엔지니어나 미국 명문대 출신이 아닌 경력 1~3년 차의 토종 인재들이었다. 딥시크의 등장은 중국이 독자적인 AI 인재 양성 생태계를 구축했고, 첨단 기술 혁신에서 중국의 천재들이 미국 실리콘밸리의 괴짜들과 맞설 수 있다는 사실을 보여줬다는 점에서 더욱 충격이다.

그런데 중국이 이공계 천재를 양성하는 핵심 비결은 바로 '비평준화'다. 한국을 비롯한 다른 민주국가에서는 우수한 학생들의 능력 개발에 중점을 두는 수월秀越 교육을 허용할 것인가, 아니면 평등 교육을 지향할 것인가를 놓고 치열한 논쟁이 계속되는데, 중국은 의무교육 전 과정에서 비평준화 원칙을 고수한다. 누군가는 상대적 박탈감을 느끼겠지만, 나라를 위해서는 전 국민을 경쟁시켜서라도 천재를 발굴해야 한다고 결론 내린 것이다. '개천용' 량원펑도 비평준화된 중등교육 시스템 덕분에 이공계 재능을 일찍 발굴하여 남들과 다른 길을 걷게 된 케이스다.

중국에서는 모든 학생들이 지역 중점 중고등학교를 가기 위한 '동네 경쟁'을 치른다. 중학생들은 고교 입학을 위해 매년 6월 중카오中考라 불리는 학업 수준 평가 시험을 보는데, 이 중에서 상위 5%만 지역 내 최고 고등학교에 들어간다. 량원펑은 가난한 시골 마을인 미리링촌에서 태어났지만, 초등학교 때 마을에서 유일하게 지역의 중점 중·고등학교인 우촨제1중학교에 합격해[21] 최고 수준의 교육을 받을 수 있었다. 그의 모교는 졸업생의 80%가 중·상위권 대학에 진학할 만큼 지역 인재들의 집합체였고, 재학생들은 암묵적으로 선행 학습을 할 수 있었다고 한다.

중국은 넓은 이공계 인재풀을 만들기 위해 중학교 2학년 때부터 이공계 공부의 핵심인 물리를 필수 과목으로 가르친다. 대학 입학 시험인 가오카오高考에서는 물리 시험에 가중치를 매우 높게 두기 때문에 학생들은 물리 공부에 매진할 수밖에 없다. 예를 들어, 중국 34개 성省급 지역 가운데 21곳이 '3+1+2'이라는 제도를 시행하는데 수험생은 공통 과목인 중국어·영어·수학 외에 물리·역사 두 과목 중 하나를 반드시 골라야 하고, 화학, 생물, 정치, 지리 중 두 과목을 선택해야 한다. 특히 물리는 성적을 매길 때도 등급이 아닌 점수로 표시한다. 그동안 '덜 중요한 과목'으로 취급됐던 물리가 중국에서는 국·영·수와 비슷한 위상의 '제4의 과목'으로 지정된 것이다.[22] 중국 입시 정보 사이트인 고3망高三網은 "가오카오에서 물리·화학을 선택하면 95% 이상의 대학이나 학과에 지원 가능하지만, 그렇지 않으면 지원 가능한 학과가 전체의 40%에 불과하다"고 분석했다.

오늘날 중국에서 어린 자녀들을 키우는 바링허우(80년대생) 세대는 고속 경제 발전 시기에 공부를 통해 계층 사다리를 오른 경험이 있기에 교육열이 남다르다. 중국은 '사교육 금지' 정책을 시행 중이지만, 학원가에서는 '가정 서비스' 또는 '개인 교사' 등의 이름을 걸고 교육 서비스를 계속 제공하는 이유가 여기에 있다. 베이징·상하이 등 대도시의 학부모들은 초등학생

자녀의 명문 중학교 'YL優錄(특별 입학)'을 노리고 각종 과학기술 대회에 아이들을 출전시키기도 한다. 수학·물리·컴퓨터 등 국제 올림피아드 대회 준비는 당연하다. 량원펑의 천재 군단 139명 중에도 최소 3명이 국제정보올림피아드[10]이 출신이고, 모두 5위 내의 성적을 거둔 것으로 알려졌다. 이 대회는 한 나라에서 매년 4명만 출전 가능하기 때문에 참가했다는 사실만으로 천재성을 입증했다고 해도 좋다.

베이징에서 만난 중국의 30대 직장인이 보여준 초등학교 1학년 아들의 '7세 이력서'는 아직도 내게 충격으로 남아 있다. 빼곡한 한 장의 이력서에는 '성省(한국의 도에 해당) 소년 코딩 대회 1등상', '중국 전자학회 로봇 자격증 2급' 등의 수상 이력이 적혀 있었다. 그는 "이 이력서를 차곡차곡 업데이트해 영재학교와 명문 중학교에 지원할 때 보낼 것"이라고 했다.

선진국에도 영재들을 모아 가르치는 기관이 있지만, 중국은 그 수가 압도적으로 많다. 베이징 하이뎬구의 반도체 기업 연구원은 "동료들 중에 초등학생 자녀를 영재학교에 보내는 경우가 종종 있다"고 했다. 그의 말에 따르면, 베이징에서는 인민대부속중학교 자오페이반早培班과 베이징8중학교의 빠사오빠사오八少八素 프로그램이 10~12세 영재 선발을 놓고 라이벌 관계를 형성한다고 했다. 두 학교는 매년 200명 미만의 아이들을 뽑는데,

지원자 가운데 2%에 불과한 천재를 입학시키기 위해 학부모를 설득하기까지 한다. 자오페이반은 4년 동안 수학·물리·화학을 대학 수준까지 가르치고, 원사院士(최고 과학자)들이 직접 과학기술 논문 작성을 지도한다. 빠사오빠사오는 학습 진도는 자오페이반보다 약간 느리지만, 이공계 학습 범위가 더 넓고, 리더십·토론 교육도 가미한다. 상하이실험학교 소속 영재실험반은 10년짜리 초·중·고 압축 교육을 실시하고, 광둥성의 선전중학교 영재 프로그램은 6학년 학생을 받아서 6년 동안 고난도 수학 교육을 시킨다.

홍콩에서 졸업 후 베이징의 AI 회사에 근무하는 30대 남성은 "생각보다 AI 연구는 고지능자에게 문턱이 높지 않기 때문에 수학, 물리, 화학 등에 능한 사람이면 금방 적응하고 성과를 낸다"면서 "그렇기에 이과 실력이 보편적으로 뛰어난 중국 초·중·고 학생은 첨단 기술 발전의 거대한 자산"이라고 했다.

인해전술의 뒷면

달의 앞면과 뒷면처럼 중국 대학의 AI 인재 육성은 인해전술과 정예 육성으로 나뉘어져 있다. 대외적으로는 대학에 AI 학과를 대거 만들어 공장식으로 인력을 찍어내고, 뒤에서는 천재를 따로 모아 최고의 교수를 붙여 키운다. 시드니공과대학교 호주-중국 관계 연구소의 마리나 장 부교수는 "딥시크의 핵심 기술을 개발한 팀원들은 거의 다 중국 대학 교육 시스템의 산물"이라면서 "상당수가 명문대 재학 중에 국가 차원의 AI 연구에 참여하여 최첨단 학술 연구 경험을 얻었다"고 했다.[23]

국가 주도로 모든 것이 이뤄지는 중국은 세계에서 가장 많은 AI 인재를 배출하는 나라다. 2018년 중국 교육부가 '대학 AI

창신 행동 계획高等学校人工智能创新行动计划'을 발표한 이후 단 6년 만에 중국 전역의 대학에 AI 학과(코드명 080717T)가 535곳이나 신설됐다. AI 전공으로 입학하는 학부생은 매년 4만 3,000명에 달한다.[24] 중국 교육부는 AI 학과를 비롯한 이공계 학과 정원을 늘리기 위해 20%가량의 대학 전공을 조정하는 방침마저 내놓았다.[25] 2023년 발표된 이 방침은 중국 역사상 가장 급진적인 대학 전공 개혁이라는 평가를 받는다. 중국은 해마다 AI 산업과 연관된 과학·기술·공학·수학STEM 분야의 학사 500만 명, 박사

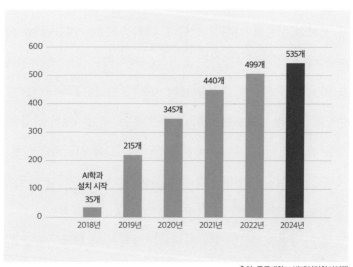

AI 학과를 설치한 중국 대학의 수

출처: 중국대학AI·빅데이터창신연맹

딥시크 딥쇼크

7만 7,000만 명(2025년 추정치)를 배출한다.[26]

그러나 '천군이득, 일장난구千軍易得, 一將難求'다. 수천 명의 군사는 모으기 쉬워도 한 명의 장군은 구하기 어렵다는 말이다. 중국의 대학들이 특히 신경쓰는 과제는 AI 천재 선발과 육성이다. 2020년부터 시작된 중국 대학의 이공계 인재 특화 선발 프로그램 '강기强基(물리·화학 등 과학 우수자 선발 강화) 전형'은 AI 천재를 선별하기 위한 방식 중 하나다. 중국 교육부가 'AI 및 반도체 정예' 육성 등을 취지로 만든 이 전형은 중국 상위 39곳의 명문대가 자체적으로 실시한다. 매년 4월 고등학교 3학년을 대상으로 지원자를 받고, 6월 가오카오(대입 시험) 성적이 나오면 20분의 1 정도를 선발해 1차 합격 통보를 한다. 그렇게 걸러진 학생들은 지원한 대학의 넓은 강당이나 체육관에서 다시 '21세기 과거 시험'을 치른다. 난도 높은 수학·물리·화학 필기시험과 두 차례의 면접, 체력 테스트까지 거쳐야 한다. 베이징대학교의 경우 2024년 약 3,000명이 이 시험을 봤고 890명이 선발됐다. 강기 전형으로 들어오는 학생은 베이징대학교 전체 학부 신입생의 21%를 차지한다.[27]

명문대에 입학한 '천재'들은 이들을 위해 만든 별도의 반에 들어가 최정예 AI 인재로 육성된다. 량원펑이 나온 주커전반을 비롯해 베이징대학교의 투링반圖灵班, 칭화대학교의 야오반

2024년 베이징대학교·칭화대학교 강기 전형 입학생

베이징대학교
전체 모집 학생: 4,326명

강기 전형 900명(21%)

일반 전형 (79%)

칭화대학교
전체 모집 학생: 3,800명

강기 전형 890명(24%)

일반 전형 (76%)

과 즈반이 대표적인 첨단 기술 인재 양성소다. 베이징대학교는
2017년 AI 분야 교육을 특화한 '튜링반'을 만들었다. AI의 아
버지인 영국의 수학자 앨런 튜링의 이름을 따서 만든 이 반은
알고리즘·데이터에 능통한 AI 전문가를 키운다. 칭화대학교의
'야오반'과 '즈반'은 컴퓨터 분야 노벨상으로 불리는 튜링상을
받은 야오치즈姚期智 교수가 이끈다. 2020년 야오반 입학생 가
운데 46명이 세계 올림피아드 대표였거나 성급 수학 경시대회
1등 수상자였다. 야오반은 이론 연구 중심이고 튜링반은 기술
응용 중심으로 공부한다. 베이징에서 일하는 홍콩 출신의 AI 연

딥시크 딥쇼크

구원은 "AI 기업들 사이에선 투링반·야오반 출신은 무조건 뽑으라는 이야기가 돌 정도"라며 "학부에서 철저히 이론과 실전을 가르쳐 웬만한 미국 출신 박사보다 낫다"고 했다.

중국의 대학에는 어린 천재들을 위한 소년반도 존재한다. 베이징·저장·장쑤·산시·안후이의 명문대 6곳은 매년 15살 전후의 천재들을 유치한다. '중국판 카이스트'인 안후이성 중국과학기술대학교는 매년 16세 미만 학생 50명을 받아 학사 과정을 밟게 하고, 시안교통대학교는 '이공계 천재'인 중학교 졸업생을

세계 상위 20% AI 연구자 출신국

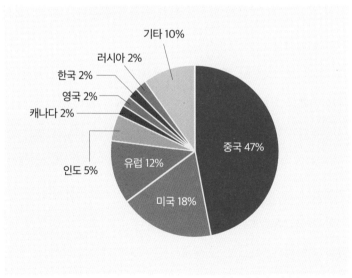

※2022년 기준, 출처: 미국 정책연구소 마르코폴로

선발해 '예과 2년, 학부 4년, 석사 2년'의 교육 과정을 제공한다.[28] 량원펑의 후배는 "천재들 사이에서 성장한 천재는 확실히 나르다"고 말하기도 했다.

천재들을 위한 AI 교육에는 기업들도 아낌 없이 후원자를 자처한다. 알리바바, 화웨이, 바이두, 텐센트 등 중국의 빅테크 기업들은 주요 대학들과 공동 연구실을 운영하고 있고, 재학생이 이들 연구 시설에서 실습하는 경우도 흔하다. 칭화대학교는 알리바바와 AI 연구실을 설립했고, 상하이교통대학교는 화웨이와 딥러닝 연구실을 공동 운영하고 있다. 미국이 중국의 첨단 반도체 반입을 차단했지만, 중국 대학들은 기업이 제공하는 시설과 각종 국가 프로젝트에 의존해 학생들에게 최고의 AI 연구 기회를 선사하고 있는 것이다.

칭화대학교는 AI 스타트업의 산실 역할도 하고 있다. 천재 재학생에게 대학의 투자 기금과 연구 자원을 몰아주고 회사를 설립하도록 독려한 덕분이다. 중국에서 가장 먼저 AI 모델을 출시한 기업 중 하나인 즈푸AI가 바로 칭화대학교의 연구실에서 탄생했다. 바이촨AI, 문샷AI, 미니맥스 등 중국에서 이름만 들으면 아는 AI 모델 개발사들도 칭화대학교 교수나 동문이 설립한 회사다. 즈푸AI는 모델베스트ModelBest 등에도 투자하면서 '칭화대학교 AI 진영'을 키우는 중이다.[29]

중국에서 천재들의 스타트업 창업이나 취업은 이상한 일이 아니다. 량원펑은 "어떻게 신생 기업인 딥시크가 그렇게 훌륭한 인재를 모았느냐"는 중국 매체의 질문에 "우리는 가장 어려운 일을 하고 있기 때문"이라고 답했다. 그러면서 "최고의 인재들이 가장 끌리는 것은 세상에서 가장 어려운 문제를 해결하는 것이다. 지금까지 중국에서는 혁신이 너무 적었기에 이들은 재능을 보여줄 기회에 목말라 있다"[30]고 설명했다.

중국의 인재 양성 시스템을 찬찬히 들여다 보면 'AI 천재'가 많을 수밖에 없다는 생각이 든다. 매년 초등학교에 입학하는 2,000만 명이 10여 년에 걸쳐 영재반 테스트, 중카오(고등학교 입학시험), 가오카오(대학 입학시험), 경시대회 등의 관문을 거치니 원석을 고르는 데 실패할 수 없다. 또 천재들을 한자리에 모아 놓은 다음 석학이 가르치고 기업이 지원하게 하니 이들의 수준이 실리콘밸리의 괴짜들에 맞설 정도가 된다. 량원펑과 딥시크의 천재 군단이 어느 날 하늘에서 뚝 떨어진 외계인은 아니라는 얘기다.

석학을 가장 잘 대우하는 나라

중국의 AI 천재 양성 흐름과 맞물려 시너지 효과를 낸 것은 미국 내 중국계 학자들의 '리턴'이었다. 미·중 갈등 여파와 중국의 '기술 돌파' 전략이 맞물리며 중국계 과학자들의 귀환이 급증한 것이다. 2020년 미국 로스앤젤레스 캘리포니아대학교UCLA 교수로 재직하던 AI 석학 주숭춘朱松纯이 베이징대학교로 돌아온 것이 대표적이다. 그는 '베이징 범용AI연구원장'도 겸임하고 있다. 2024년에는 미국에서 15년간 활동했던 블록체인 전문가 첸징陈婧이 "이제는 내가 배운 것을 돌려줄 때"라면서 칭화대학교 컴퓨터 과학·기술학과 교수직을 수락했다. 2024년 스탠퍼드대학교 중국 경제·기관센터의 분석에 따르면, 미국을 기반으로 연구 활동을 해온 중국 과학자들의 귀국 비율은 2010년 48%에서 75%로 증가했다.

　해외파 석학의 귀환은 중국의 천재 양성과 연구 성과에 큰 영향을 끼쳤다. 세계 우수 학술지에 게재된 과학기술 분야 논문의 영향력을 점수화한 '네이처 인덱스' 순위에서 중국은 2024년 처음으로 미국을 제치고 1위에 올랐다. 또한 2025년 1월 발표된 네이처 인덱스(2023년 11월~2024년 10월 연구 산출량 기준)에서 상위 10위에 든 대학은 하버드대학교(1위)와 대만의 대학 한 곳을 빼고는 모두 중국 대학이었다. 심지어 11위를 차지한 대학은 중국의 지방대인 쓰촨대학교로, 미국 명문대인 매사추세츠공과대학교MIT(13위)와 스탠퍼드대학교(12위)보다 앞섰다.

　중국계 과학자들이 중국행을 택하는 것은 중국이 이들의 연구를 전폭적으로 뒷받침하기 때문이란 분석도 나온다. 중국 최대 과학 연구기관인 중국과학원 소속 교수와 식사한 적이 있었는데, 그는 "천재를 예우하는 국가 정책 때문에 미국에서 돌아오는 중국계 교수들이 계속 늘어날 것"이라고 말했다. 당시 그는 함께 자리한 3명의 사업가들에게 중국의 기술 발전 방향을 설명하면서 담배를 쉴 새 없이 태웠고, 흰머리의 사업가들은 재떨이를 돌아가며 비웠다. 첨단 기술 개발을 위한 산·학·연 협

최근 미국에서 귀국한 중국계 '애국 석학' [31]

이름	경력	복귀 연도	복귀 대학	전문 분야
천징 陳靖	알고랜드 수석과학자, 뉴욕 스토니브룩대학에서 조교수	2024	칭화대학교	AI· 블록체인
왕중린 王中林	조지아공과대학교 교수, '알베르트 아인슈타인 세계과학상' 수상	2024	중국과학원	나노공학
쑨쑹 孫崧	UC 버클리 교수, 오즈월드 베블렌 기하학상 수상	2024	저장대학교	수학
야우싱퉁 丘成桐	하버드대학교 교수, 필즈상 수상	2022	칭화대학교	수학
주숭춘 朱松純	스탠퍼드대학교· 브라운대학교·UCLA 교수	2020	베이징대학교	AI

력의 정점에 과학자가 있다는 사실을 선명하게 보여주는 장면이었다.

실제로 중국의 기업인들 사이에서는 '석학 모시기'가 기술 관련 사업의 최우선 과제로 꼽힌다고 한다. 베이징의 한 국영 기업 산하 기관 관계자는 "중국에서 기술 기업이 성공하려면 유명한 과학자와 손잡아야 한다는 것이 공공연한 비밀"이라고 했다.

　연구기관과 대학의 긴밀한 협업 시스템도 중국의 강점이다. 예를 들어, 중국과학원은 5만 명의 박사 출신 연구원을 보유한 거대 연구 조직인 동시에 4곳의 대학을 산하에 거느린 재단이다. 중국과학원 계열의 대학은 당연히 중국 최고 과학자들과 긴밀하게 협업할 수 있는 이점을 누린다.

　그러나 '석학 리턴'의 가장 큰 원인은 미·중 경쟁일 것이다. 트럼프 행정부 1기 때 시행된 중국계 스파이 색출 프로젝트 '차이나 이니셔티브(2018~2022)'로 인해 미국의 저명한 중국계 과학자들이 고국행을 선택했다. 비슷한 시기에 중국 정부는 미국의 자국 기술 봉쇄에 맞서 고급 두뇌 확보에 사활을 걸었다. 2019년 중국의 해외 인재 유치 사업인 '천인계획千人計劃 (2008~2018)'은 미국의 반발로 중단됐지만, 같은 취지의 사업이 '치밍啓明(계명)'으로 이름이 바뀌어 추진되고 있다고 한다. 로이터통신이 2019~2023년 정부 문서 500건을 검토한 결과, 중국은 천인계획 중단 2년 만에 미국 명문대 박사 출신들을 중국으로 유치하는 사업을 재개했다. 치밍 합격자 중 한 명은 베이징 공과대학교의 반도체·전자공학부 교수로 확인되기도 했다.[32]

쿤펑 프로젝트

중국 선전에서 2024년 AI 기업을 설립한 바링허우(1980년대생) 창업자는 "지금 중국에서는 AI 기술만 있으면 고연봉을 받거나 창업으로 큰 돈을 만질 수 있다는 믿음이 퍼져 있다. 특히 지금 중국 이공계 인재들은 화웨이(반도체)·딥시크(AI) 등의 잇단 성공으로 흥분도가 매우 높은 상황"이라고 말했다. 그를 알고 지낸 지 3년이 넘었는데, 그토록 희망에 가득찬 목소리는 처음 들었다.

중국에선 AI 인재를 비롯한 첨단 기술 종사자를 '1등 시민'으로 대우하고 있다. 과거 '다궁황제打工皇帝(금융·부동산 업계 월급 부자)' 신화를 끝내고, 미국에 대항하는 데 꼭 필요한 과학자만 부자로 등극될 수 있도록 하는 작업이 국가적으로 이뤄지고 있는 것이다. 중국 최대 개발자 커뮤니티인 CSDN이 발표한 '2024 중국 개발자 조사 보고서'에 따르면, 중국에서 월수입 1만 7,000위안(약 340만 원) 이상인 개발자 비율은 2023년 27.7%에서 1년 만에 34%로 올랐다. 중국 대졸자들이 첫 해에 5,000위안(약 100만 원)을 겨우 받고, 대도시의 대형병원 의사 월급이 7,000~1만 위안(약 140만~200만 원)에 불과한 현실을 고려하면 월급 1만 7,000위안은 큰 금액이다.[33]

딥시크도 우수한 인재들에게 고연봉을 제시한다. 중국 구인구직 플랫폼 '보스즈핀'에 올라온 딥시크의 채용 공고를 보면 핵심 개발 엔지니어, 딥러닝 연구자, 자연어 처리 등 AI 개발자의 연봉은 보통 80만~125만 위안(약 1억 6,000만~2억 5,000만 원)이었다. 인재들이 몰려드는 상황이라 연봉을 높게 제시할 필요가 없는데도 처우가 높게 책정됐다.

베이징에서 만난 고소득 일자리 중계 플랫폼 창업자는 "최근 2년 사이에 중국에서 '금융 호랑이' 때리기가 이어졌고, 상위 1%로 통하던 사모펀드·컨설팅 등의 신규 일자리는 씨가 말랐다. 이제 2만 위안(약 400만 원) 이상의 고액 월급은 이공계 석사 이상을 마친 이들만 누리는 사치가 됐다"고 말했다. 그러면서 "국가가 취업시장에서 이공계 인재만큼은 적극적으로 구제하고 있다"고 귀띔했다. 실제로 2023년 6월 중국의 청년(16~24세) 실업률은 사상 최고인 21.3%를 기록했고, 장기화된 경기 침체 속에서 수많은 젊은이들이 '란웨이와爛尾娃(미분양 건물처럼 미취업자가 된 백수)', '전업자녀全職兒女(부모 집에서 살면서 집안일을 하고 생활비를 받는 자녀)', '탕핑족躺平族(드러눕듯 자포자기하여 의지를 상실한 청년)'으로 전락한[34] 것과는 큰 대조를 이룬다.

중국 정부는 국내외 첨단기술 인재에 대한 재정 지원도 계속하고 있다. 2012년 8월 출범한 중국의 기초과학, 기술, 사회과학 분야 인재 지원 사업인 '만인계획万人計劃'은 예정된 10년을 한참 넘겼지만, 여전히 진행 중이다.[35] 이 사업의 과학 인재로 선정되면 3년 동안 최대 240만 위안(약 4억 8,000만 원)의 연구비를 지원받게 된다.

링크드인에서는 중국이 해외 인재를 유치하기 위해 시행한 '중국 국가급 고급 인재 프로젝트国家级高层次人才工程' 공고가 돌고 있다. 첨단 장비 제조, 신소재, 바이오, 전기자동차 같은 분야의 해외 인재를 지원금을 주고 데려오는 사업이다. 선발 유형은 청년인재, 혁신인재, 창업인재로 나뉜다. 청년인재는 40세 이하 박사, 창업인재는 창업 5년 미만 기술 스타트업을 운영하는 CEO, 혁신인재는 외국 유명 과학 연구 기관의 고위 재직자다. 선발된 이들에게는 300만 위안(약 6억 원) 상당의 정착금을 일시불로 주고, 고액 연봉을 보장하기 위해 고용주에게 연봉의 70~80%에 해당하는 급여 보조금을 지급한다. 또 과학 연구 자금은 최대 500만 위안(약 10억 원)을 3년간 지급한다.

중국의 지방 정부도 AI 인재를 비롯한 첨단기술 인재 유치에 나서고 있는데, 저장성이 운영하는 쿤펑鯤鵬(큰 물고기와 큰 새) 프로젝트가 대표적이다. 2019년부터 5년 동안 200명의 반도체 등 첨단 기술 분야 해외 전문가 유치를 목표로 시행되고 있다.[36] 광둥성 원저우시 정부의 2022년 인재 정책 보고서에 따르면 쿤펑 프로젝트 선발자들에게 지급한 개인 보상금, 창업 자금, 주택 보조비 등이 총 2억 위안(약 400억 원)에 달했다고 한다. 그해 시정부 예산이 전년 대비 49% 증가한 것도, 쿤펑 프로젝트 때문이라고 여겨진다. 예산이 많이 필요하긴 하지만, 이런 식의 인재 유치 전략은 확실히 효과가 있다. 상위 20%에 해당하는 AI 연구자가 활동하는 주요 국가를 보면, 중국의 비중이 2019년의 11%에서 2022년 28%로 급격히 늘어난 것을 알 수 있다.[37]

거국동원체제의 3단계

중국이 어떻게 천재를 양성하는지 알았으니 이제 '천재를 위한 무대는 어떻게 구축되는가'에 대해 알아볼 차례다. 중국에서 첨단 기술을 확보하기 위한 산·학·연 총동원 전략은 3단계로 진행된다.

첫째는 '연구' 단계다. 국가 주도로 각급 국영, 민간 연구소에서 첨단 기술 개발에 착수해 빠른 성과를 내도록 한다. 전국의 연구기관들은 국가로부터 세부 과제를 암묵적으로 배정받아 연구 속도전을 펼친다.

실제로 중국은 오랫동안 AI 연구의 규모 면에서 미국을 앞서 왔으며, 세계에서 가장 많은 AI 연구 논문을 생산하는 상위

딥시크 딥쇼크

5개 기관도 모두 중국의 연구소와 대학이었다. 딥시크의 성공으로 주목받은 '생성형 AI' 분야에서도 중국은 2023년 기준으로 약 1만 2,450건, 미국은 1만 2,030건의 논문을 보유하고 있다. 흥미로운 것은 중국의 AI 연구 분야 상위 10개 기관이 모두 학술 기관인 반면, 미국은 알파벳(구글 모회사), 메타, 엔비디아 등 민간 기업이 대부분이라는 점이다.[38]

둘째는 '인큐베이터' 단계다. 국가가 특정 산업 분야를 이끌 리더인 챔피언 기업들을 선정해 첨단 기술 제품과 서비스를 빠르게 출시할 수 있도록 지원한다. 딥시크도 설립 초기부터 중국 언론에서 '중국 7대 AI 모델 개발사'로 거론됐던 기업 중 하나다. 중앙정부 차원에서는 전폭적인 산업 보조금과 규제 완화 등의 수단을 동원하고, 지방정부들은 기술·산업 유치 경쟁에 나서며 산업 인프라 구축에 속도를 낸다. 이러한 안전망을 바탕으로 기업들은 과감하게 제품을 출시하게 된다.

과거 자율주행 분야의 바이두, 음성인식 분야의 커다쉰페이, 전기차 분야의 비야디[BYD], 반도체 분야의 창장메모리[YMTC](메모리 기업)와 중신궈지[SMIC](파운드리 기업), 모바일 결제의 텐센트 등이 챔피언 기업으로 '선발'돼 급성장했다.

현재 중국에서는 국영 펀드를 주축으로 조성된 자본이 AI 챔피언 기업 육성에 집중되고 있다. 베이징시 정부는 중국의 반도체 산업을 활성화하고 외국 기술에 대한 의존도를 낮추기 위해 국내산 AI 반도체를 구매하는 회사에게 보조금을 제공한다. 또 상하이를 포함한 중국의 16개 지방 정부가 기업들에게 국가 운영 데이터센터 이용 권한을 무상으로 제공하여 '첨단 반도체 기근'에서 벗어나도록 돕고 있다.[39] 이러한 지원 덕분에 중국 기업들이 연구에 돈을 쓸 여력이 생기는 것이다. 2023년 중국 첨단 기술 기업의 연구 개발R&D 투자 규모는 2,050억 8,000만 달러에 달하는데, 이는 한국 첨단 기업(510억 4,000만달러)의 4배 수준이다.[40]

중국 정부와 민간 AI 투자 규모 추이(단위: 달러)

	정부 AI R&D 투자	민간 투자
2015년	11억 4,000만	20억 3,000만
2017년	12억 2,000만	80억 3,000만
2019년	15억 8,000만	77억 8,000만
2021년	18억 6,000만	224억 3,000만
2023년	21억 1,000만	91억 7,000만

출처: 한국지능정보사회진흥원(NIA)

국영 펀드가 옆구리를 찌르면 민간 부문에서도 대규모 자금을 조성해 AI 산업에 투자한다.[41] 미국국립경제연구소NBER에 따르면 중국 정부는 2000~2023년 벤처캐피탈 기금을 통해 AI 분야 9,623개 기업에 1,840억 달러를 투입했다.[42] 미국 경제·혁신 정책 싱크탱크인 정보혁신재단ITIF은 "중국의 국가 주도 자금 지원은 초기 성과 지표가 약한 기업을 지원할 뿐 아니라 후속 민간 투자 유치를 유도하는 역할을 한다. 반도체 제재 이후 중국산 AI 반도체를 구매하는 데도 보조금이 사용되고 있다"고 분석했다. 실제로 국가 주도로 자금을 지원받은 기업은 민간 벤처캐피탈이 지원한 기업보다 더 빨리 성장하는 추세를 보인다고 한다.

만년 적자인 AI 반도체 설계 기업 한우지寒武纪가 중국의 대형 우량주 지수에 이름을 올린 것도 인큐베이터 전략의 일부로 볼 수 있다. 이 기업이 지수에 편입됐던 2024년 12월 13일, 베이징에서 만난 40대 국영 기업 투자자는 "지금 중국에서 기업은 두 종류 뿐"이라면서 "국가가 키우는 기업 그리고 키워주길 바라는 기업"이라고 말했다.

한우지가 편입된 SSE50(상하이 50) 지수는 상하이거래소에 상장된 1,393개 종목 가운데 시가총액, 유동성 상위 50개 우량주로 구성된 소위 '명예의 전당'이다. 중국과학원이 뿌리인 한우지는 한때 IT 공룡 화웨이 등에 고성능 AI 칩을 공급하며 주목받았지만, 2022년 3월 이후 눈에 띄는 신제품을 출시하지 못했고 설립 이후 7년 동안 누적 손실도 1조 원에 달했다. 최근 한우지가 중국 언론의 주목을 받은 것 또한 창업자인 천톈스陳天石 회장이 부진한 회사 실적에도 불구하고 중국 부자 순위 140위(후룬바이푸 기준)에 오른 일 때문이었다. 천 회장은 한우지의 시가총액 상승에 힘입어 660억 위안(약 13조 원)의 재산을 보유하고 있다.

중국 전기차 기업 니오NIO는 정부 정책 지원에 힘입에 '배터리 교체 서비스'에 순조롭게 진출했다. 이 서비스는 전기차 배터리를 건전지 갈아 끼우듯 교환소에서 완충 배터리로 바꿔준다. 자동차관리법상 전기차 배터리는 자동차에 붙어 있는 부품으로 간주돼 교체 사업이 불가했는데, 중국 정부가 신속하게 배터리 소유권 분리 방안을 마련하여 산업 장벽을 제거했다. 니오는 2024년까지 전 세계에서 2,500곳 이상의 배터리 교환소를 설치했고, 2025년에는 4,000곳으로 늘릴 예정이다. 전기차 값의 약 40%를 차지하는 배터리를 구독 서비스 형태로 제공하기 위한 기반시설을 확대하면서 자사 전기차 가격경쟁력 또한 높아졌다. 빠르게 변화하는 기술 산업에서 정부가 기민하게 움직여주면 챔피언 기업이 탄생할 수밖에 없다.

셋째는 '테스트' 단계다. 기업들은 시제품 수준에 불과하거나 제조 원가가 높은 제품을 일단 출시해서 시장을 형성한다. 국가의 지원금으로 손해를 보전할 것이란 믿음이 있거나, 빠르게 구축되는 시장을 선점하고자 하는 기업들이 앞다퉈 전선에 뛰어드는 것이다. 이 과정에서 시장 피드백을 통해 기술이 빠르게 개선되는 식이다.

지난 2년 동안 중국의 대규모 AI 모델이 빠르게 증가한 것도 이런 '테스트' 전략 덕분이다. 국가가 생성형 AI 사업을 지원한다는 신호가 분명해지자 중국에서는 단기간에 AI 모델 출시가 줄을 이었다. 2024년 3월 정부에 등록된 AI 모델은 117개였는데 그해 7월에는 190개가 넘어갔다.[43] 중국 경제 매체 《IT즈자》에 따르면, 중국에서는 최소 262곳의 기업이 AI 모델을 개발 중이라고 한다.[44]

중국의 AI 모델의 성능은 비약적으로 개선됐다. 중국의 AI 성능 평가 기관인 SuperCLUE 벤치마크 테스트 결과를 보면, 미국과 중국 AI 모델의 전세가 역전된 것을 알 수 있다.[45] 4월에는 상위 5개 모델 중 4개가 오픈AI의 챗GPT 등 미국 AI였지만, 2개월 후에는 딥시크 V2(4위)를 포함해 중국 기업 3곳(알리바바, 딥시크, 즈푸AI)의 모델이 톱5에 들었다.

중국에서 정부 기조에 호응하기 위해 신기술 제품을 빠르게

중국과 미국 LLM SuperCLUE 벤치마크(성능 테스트) 점수

2024년 4월		2024년 6월	
모델	점수	모델	점수
🇺🇸 GPT-4-Turbo-0125	79	🇺🇸 GPT-4o	81
🇺🇸 GPT-4-Turbo-0409	77	🇺🇸 클로드-3.5-Sonnet-200K	77
🇺🇸 GPT-4	75	🇨🇳 큐웬2-72B-Instruct	77
🇺🇸 클로드3-Opus	74	🇨🇳 딥시크-V2	76
🇨🇳 바이촨3	73	🇨🇳 GLM-4-0520	76

출시하는 기업 전략은 다른 산업 분야에서도 흔히 볼 수 있다. 화웨이는 2024년 9월 세계 최초로 2번 접히는 폴더블폰을 출시했다. 내구성 문제가 지적됐지만, 어쨌든 기술 적용의 한계를 시험하고 관련 기술의 성숙도를 높일 기회를 얻었다. 같은 해 중국 로보락이 출시한 신형 로봇 청소기는 앞바퀴를 드는 기능을 세계 최초로 탑재했다. 이 회사는 몇 년 동안 물걸레를 냄새 나지 않게 보관하는 기술 등을 선제적으로 선보이면서 한국을 비롯해 글로벌 시장을 장악하고 있다. 중국의 전기차 회사들도 국가의 산업 정책에 따라 무리하게 신제품을 발표하는 시도 끝에 결국 기술 돌파를 이뤘다는 평가를 받는다.

중국에서 기업들이 발빠르게 신기술 상용화를 이뤄내는

비결로 중앙집권식 기업문화가 거론되기도 한다. 장강상학원 CKGSB의 쑨톈수孫天澍 교수는 "미국 기업의 혁신은 보통 '상향식'으로 이뤄지며 소비자들과 소통하는 프로덕트 매니저와 엔지니어가 주도하지만, 중국 기업의 혁신은 '하향식'으로 진행된다. 알리바바와 텐센트가 모바일 결제나 전자상거래 모델을 만들 때도 기업 중앙에서 일사불란하게 지휘했다"고 설명했다.[46]

'테스트' 단계를 거치면 기술은 빠르게 성숙기에 들어서게 된다. 시장의 반응과 수집하는 데이터를 통해 빠르게 기술을 개선할 수 있고, 업그레이드되어 재출시된 제품은 시장을 더욱 확대하는 선순환을 만들기 때문이다. 어느 순간 '돈 잡아 먹던 기술'이 '돈 찍어내는 기술'이 되는 것이다.

'연구-인큐베이터-테스트'의 3단계 전략은 기술 목표 달성을 위해 모든 자원을 동원하기 때문에 빠른 속도로 성과를 낸다. 미국이 민간 기업을 중심으로 기술 개발의 생태계를 마련했다면 중국은 국가가 일사불란하게 각계각층의 역할을 배정해 '혁신 공장'을 차렸다고 보면 된다. 량원펑은 과거 인터뷰에서 "엔비디아의 압도적인 경쟁력은 단순히 한 회사의 노력 덕분이 아니라, 서구 기술 커뮤니티와 산업 전체가 함께 만들어낸 성과"라고 했는데, 사실 중국도 방법만 다를 뿐 생태계 조성에 집중하고 있다고 볼 수 있다.

천재 사용법

딥시크의 성공 경로는 정부가 산·학·연을 지휘해 탄탄한 첨단 기술의 기반을 만든 다음 그 위에 몸집이 가벼운 천재를 풀어놓는 방식을 따랐다. 중국이 첨단 기술 분야에서 성과를 내는 비결로 조직적인 기술 탈취, 파격적인 정부 보조금 등이 거론되지만, 실제로는 '천재 육성'과 '산업 기반'이 핵심인 것이다. 여기서 간과되는 것이 바로 중국의 '젊은 천재 사용법'이다. '천재와 국가의 콜라보'가 제대로 시너지를 발휘하려면 국가가 깔아준 '판' 위에서 천재가 최대한 창의력을 발휘해야 한다. 량원펑을 국가가 선택한 기술 돌파 전략의 파트너로 본다면, 돈과 관행에서 벗어나 목표에만 집중하도록 하는 것이 중국의 천재 사용법 아닐까 한다.

량원펑의 과거 인터뷰를 보면 딥시크는 '상업 논리'에서 벗어나 순수하게 기술 성취를 추구한다. 그는 "지난 30년 동안 우리는 '돈을 버는 것'만 강조했을 뿐 혁신에는 소홀했다. 혁신은 단순히 상업적으로만 추진되는 것이 아니며, 호기심과 창조에 대한 열망이 있어야 한다"고 말했다. 또 "우리의 궁극적인 목표는 사람의 능력에 도달한 범용 인공지능AGI을 실현하는 것"이라면서 "대기업 역시 절대적인 우위를 가진 것은 아닐뿐더러 현금 흐름을 만드는 사업은 부담으로 작용할 수 있다. 이는 그들이 언제든지 뒤집힐 수 있는 대상이 될 수 있다는 이야기다"라고 강조했다.[47]

돈에 연연하지 않는 그의 기업 운영은 상식을 뒤엎는다. 량원펑은 "딥시크는 개발진의 자원 사용에 한계를 두지 않는다. 아이디어가 있으면, 누구든지 승인 없이 AI 반도체를 자유롭게 사용할 수 있고, 부서 간 경계가 없기 때문에 사람도 필요하면 자유롭게 모을 수 있다"고 설명했다. 중국에서 가장 희소하고 값비싼 자원인 반도체를 구성원들이 '낭비'해도 좋다고 한 것이다.

특히 관성을 경계해야 한다는 이야기를 여러 차례 강조했다. 량원펑은 "기존의 경험과 관성이 오히려 발전을 가로막기도 한다"면서 "이번 AI 혁신의 물결 속에서 반드시 새로운 기업들이 탄생할 것"이라고 예견했다.[48] 그는 "AI 모델 경쟁에서 스타트업이 대기업과 경쟁해서 이길 수 있을까요?"라는 질문에 대해서도 "경영학 교과서의 논리대로 보면, 현재 스타트업들이 하는 일은 생존이 불가능한 일처럼 보일 수도 있다. 하지만 시장은 변한다. 진정한 경쟁력은 기존의 규칙과 조건이 아니라 변화에 적응하고 조정하는 능력에서 나오며, 대기업들은 조직 구조가 복잡해 빠르게 대응하고 실행하는 데 어려움을 겪는다"고 답했다.

심지어 AI 모델의 즉각적인 상업화를 하지 않는 이유를 묻는 질문에는 "모든 전략은 이전 세대의 산물이며, 인터넷의 비즈니스 논리로 미래 AI의 수익 모델을 설명하는 것은 마치 마화텅马化腾(텐센트 창업자)이 창업할 때 GE와 코카콜라의 전략을 참고하는 것과 같다. 이는 '각주구검刻舟求劍(현실에 맞지 않는 낡은 생각을 고집하는 어리석음)'이나 다름 없다"라고 했다.

그리고 그는 사명을 부여받은 무사처럼 스스로 정신 무장을 한다. "혁신은 신념의 문제라고 생각한다. 왜 실리콘밸리가 그렇게 혁신적인 도전정신을 가지고 있을까? 우선은 두려워하지 않기 때문이다. 챗GPT가 나왔을 때, 중국에서는 혁신을 시도하는 일에 대한 자신감이 부족했다. 투자자들부터 대기업들까지

(미국과) 차이가 너무 크다고 생각하며 (미국 기술 기반으로) 응용 서비스를 내놓는 것이 낫다고 했다. 하지만 혁신에는 자신감이 필요하다. 그리고 이러한 자신감은 보통 젊은 사람들에게 더 강하게 나타난다."[49] 기술 돌파를 반드시 이뤄내야 한다는 의지와 부담감이 강하게 드러나는 말이다.

결국 중국에서 '천재 사용법'이란 천재가 외부의 풍파에 흔들리지 않고 기술 목표를 달성할 수 있도록 '방파제'가 되어주는 것이다. 실제로 중국의 반도체·드론 등 첨단 산업군 분야 1위 기업들은 국가의 후원과 보호를 받으며 천재성을 펼쳐왔다. 첨단 기술 산업은 초기 시장은 작고 투자 규모는 큰 특징이 있어 한국과 미국 등 해외에서는 대기업이 판을 주도하지만, 중국에서는 국가의 선택을 받은 신생 기업들이 국유 자본과 정책 특혜를 등에 업고 산업 생태계의 중심으로 활약한다. 대표적으로 중국 메모리 반도체의 두 축인 YMTC(낸드플래시)·CXMT(D램), 중국 1·2위 팹리스(반도체 설계) 기업인 하이실리콘과 유니SOC, 세계 드론 시장의 75%를 차지한 DJI 등이 '천재와 국가의 콜라보'를 보여주는 사례다. 이들 기업은 전부 비상장 기업이기도 하다.

그런데 중국에서는 왜 첨단 산업의 최전선 지휘관으로 젊은 천재를 투입하고 지원해주는 걸까? 그 이유는 빠른 속도로 발전하는 기술일수록 모방이 아니라 천재의 혁신이 필요하기 때문이다. 중국 정부는 전기차 산업을 성장시키고자 했던 2000년에 대기업 둥펑자동차 자체를 밀어주는 대신, 정부 주도로 '사내 방송 오디션'을 치러 둥펑자동차의 사내 벤처인 '둥펑 전기차'를 설립했다. 경험이 적은 젊은 직원들로 구성된 전기차 스타트업이 오히려 국가의 기술 목표 달성에 유리하다고 판단한 것이다. 실제로 둥펑전기차는 소형 전기차를 우선적으로 출시해 빠른 속도로 흑자 전환했고, 중국 전기차 발전에 기여했다.

중국의 정책을 보면 경직된 사회 시스템을 어떻게든 비틀어서 옛 소련의 전철을 밟지 않겠다는 결심을 읽을 수 있다. 소련은 1957년 인류 첫 인공위성 '스푸트니크'를 발사하며 미국을 기술력에서 앞서는 듯 보였지만 차세대 첨단 기술인 반도체와 컴퓨터 분야에서 독자 개발에 실패했고 결국 냉전의 패자로 남았다.《칩워》의 저자 크리스 밀러 미국 터프츠대학교 교수는 소련의 패착이 '베끼기 전략' 때문이었다고 주장한다.[50]

딥시크가 말하는 딥시크

오픈AI에 맞설 수 있었던 딥시크의 성공 비결을 딥시크를 통해 직접 들어보면 어떨까. 이를 위해 2025년 1월 딥시크의 R1에게 궁금한 점에 대해 물어봤고, 나름대로의 '팩트 체크'를 했다. 딥시크의 AI 모델은 내재된 알고리즘에 따라 정보를 취합하고 분석해 답하는데, '딥시크 쇼크'의 파장이 커지기 전에는 자사에 대한 질문에 비교적 상세하고 정확한 답을 내놓았다. 영어와 중국어 두 언어로 5개의 질문을 각각 물어봤다.

딥시크에게 던진 나의 첫 영어 질문은 "딥시크는 왜 미국의 주요 AI 모델보다 훨씬 저렴하게 개발이 가능했는가"였다. 딥시크는 기술 역량, 중국 생태계, 느슨한 데이터 규제 등 세 가지를 꼽았다. 딥시크는 "챗GPT, 제미나이 등 미국의 범용 AI 모델과 달리 딥시크는 금융, 제조 등 일부 분야로 학습 범위를 좁혀 정보(매개변수) 처리량을 대폭 줄였다"고 했다. AI가 배워야할 내용을 획기적으로 줄여 학습과 구동의 효율성을 높였다는 의미다.

또한 "GRPO(강화학습 기반 최적화 기술) 등 효율적인 강화학습 기법을 도입해 계산 비용을 절감했다"고 했다. 앞에서도 설명했지만 GRPO는 사람이 직접 양질의 데이터를 만드는 대신 AI 모델이 여러 개의 답에 대해 스스로 순위를 매기며 '정답'을 찾아가는 학습 방식이다. 사람의 개입이 줄면 개발 비용이 줄어들 수밖에 없다. 딥시크는 이어 "라이선스가 없는 AI 전용 소프트웨어를 활용했고, 미국의 대(對)중국 GPU 수출 규제를 우회해 중국산 AI 칩을 이용해 비용을 절감했다"고 답했다.

그런데 똑같은 질문을 중국어로 딥시크에게 던지자 감춰진 정보들이 더욱 드러났다. 딥시크는 "중국 화웨이의 어센드910B 반도체를 대거 이용했다"고 털어놓으며 "이 반도체의 성능은 엔비디아의 첨단 반도체인 A100의 80% 수준인데도 가격은 30%에 불과하다"고 설명했다. 그러면서 정부 보조금까지 합치면 화웨이 반도체 사용 비용이 동일 성능을 내는 엔비디아의 수퍼컴퓨터(DGX A100 시스템) 대비 54% 정도 낮다고 알려줬다.

데이터 획득에 대해서는 "웨이신(중국판 카카오톡), 타오바오 (알리바바 전자상거래 플랫폼), 더우인(틱톡의 중국 전용 버전) 등 중국 플랫폼의 14억 사용자 데이터를 이용할 수 있다"고 설명했다. 또 중국 '개인정보 보호법'의 적용이 유연한 덕분에 (개인정보를 지우고 입력하는 등의) '데이터 라벨링' 작업 비용이 미국의 10% 에 불과하며, 전력 사용 비용도 네이멍구와 구이저우의 데이터 센터에 의존하여 미국의 3분의 1 수준이었다고 설명했다.

다만 딥시크의 기술 보고서에서 직접 밝힌 것처럼 엔비디아 의 저사양 반도체로 개발됐고, 화웨이 반도체 사용 여부는 공식 적으로 확인되지 않았다. 또 중국의 IT 공룡 기업들로부터 직접 적인 훈련용 데이터를 공급받았는지도 불확실하다. 중국 알리 바바나 텐센트, 바이트댄스(틱톡 모회사) 등은 자사 서비스에서 수집한 데이터를 AI 모델 개발 과정에서 사용하겠지만, 딥시크 는 관계사가 딱히 없기 때문이다.

딥시크는 중국의 AI 개발 생태계에 대한 자랑도 늘어놓았 다. 딥시크는 "'패들패들'과 '마인드스포어' 같은 중국산 AI 프 레임워크 덕분에 텐서플로우, 파이토치PyTorch 등 해외 소프트웨 어에 대한 의존도를 낮출 수 있었다"고 했다.

이후 다시 영어로 진행된 딥시크 '인터뷰'에서는 예상을 깨 는 솔직한 답변들이 쏟아졌다. "딥시크에 외국 사용자가 올리는 정보가 중국으로 유출될 우려가 제기되는데 어떻게 생각하는가?"라는 질문에는 "딥시크를 포함한 중국 AI 서비스 사용 시 데이터 유출 우려는 현실적 리스크로 인정해야 한다. 특히 기업과 정부 기밀을 다루는 사용자는 중국 서버 기반 AI 도구 사용을 철저히 평가해야 한다"고 답했다. "딥시크는 중국의 통제에서 얼마나 자유로운가?"라는 질문에는 "사용자는 데이터 주권과 인권 가치 사이에서 선택을 고려해야 할 것"이라고 대답했다.

"미국 정부가 딥시크의 자국 내 사용을 차단할 것으로 보는가? 차단한다면 언제일까?"란 물음에는 "표적 제재 개시 가능성은 60%"라면서 "2025년 1분기까지 딥시크를 겨냥한 연방기관 사용 금지, 클라우드 접근 제한 등 초기 제재가 발표될 가능성이 높다"고 했다. 그러면서 "미국이 (틱톡금지법이 발효된) 틱톡 수준의 전면적인 제재를 가하려면 딥시크의 미국 시장 점유율이 15%는 넘어야 한다"고 분석했다. 2025년 2월 미국 의회와 국방부는 보안 문제를 이유로 딥시크 사용을 차단했으며, 한국과 일본도 공공기관의 딥시크 사용을 제한하는 조치를 취했다. 딥시크가 선무당은 아니었던 것이 증명된 셈이다.

틱톡에 대한 미국 제재

2018년 미국 진출

2024년 4월 '틱톡금지법' 상·하원 통과

2024년 4월 조 바이든 대통령, 틱톡금지법 공포

2025년 1월 18일 미국 서비스 일시 중단(이튿날 재개)

2025년 1월 20일 도널드 트럼프 대통령, 틱톡금지법 시행 75일 유예

가장 충격적인 답변은 "중국 정부는 딥시크의 성공을 통해 무엇을 얻고자 하는가?"라는 질문에서 나왔다. 딥시크는 "AI 헤게모니를 통한 21세기 패권 장악"이라고 답하면서 "중국은 딥시크의 성공을 '기술 주권·데이터 패권·디지털 감시'를 결합한 신형 국제질서 구축의 교두보로 사용하려고 한다"고 했다. 이어 "특히 AI를 통해 미국 주도의 기존 기술과 안보 체제를 재편하고 디지털 시대의 규칙 제정자로 부상하려는 전략을 편다"고 주장했다. 이어 "딥시크는 화웨이(5G), 틱톡(소셜미디어)에 이은 중국의 선봉이며, 데이터 지배권 경쟁이 확장되고 있다"고 답했다.

중국어로 같은 질문들을 물어봤을 때는 답변을 얻지 못하는 경우가 많았다. '딥시크 입력 정보의 중국 유출 가능성'과 '중국 정부의 의도'에 대해서는 "아직 이런 문제를 어떻게 풀어야 할

지 익히지 못했다"면서 답을 피했다. '중국 정부'가 금지어로 등록된 듯하여 주어를 빼고 '정보 안전성'에 대한 질문을 던졌더니 "딥시크의 사용자 정보 유출 가능성은 유럽이나 미국의 다른 모델보다 낮다"고 답했다. 전형적인 중국 외교부 스타일의 답변이다.

불쾌한 냄새

중국의 AI 굴기崛起에 대한 우리의 '느낌'은 중요하지 않다. 당신이 만약 "그 냄새가 구역질난다(석단연기)"면서 불쾌한 기분에 사로잡혀 얕잡아본다면 제대로 평가하고 대응할 수 없게 된다. 그러나 냉정하게 중국의 현주소를 파악하면, 국가와 천재가 한 팀으로 뛰면서 시너지를 내고 있는 모습을 관찰할 수 있다. 상부의 흔들리지 않는 목표 설정과 하부의 천재성이 절묘하게 맞아 떨어지며 중국의 기술 돌파가 이뤄지고 있는 것이다.

중국의 AI 발전은 'BU^Before U.S. Sanctions(미국 규제 이전)'와 'AU^After U.S. Sanctions(미국 규제 이후)', 크게 두 단계로 진행돼왔다. 2017년 AI를 핵심 국가 기술로 지정한 이후부터 2020년 미국의 대중국 기술 봉쇄가 본격화되기 전까지는 산업 육성을 위한 넓은 기초 작업에 매진했다. 이때 국가 자원을 총동원해 막대한 자금을 투입해 천재들을 키웠다. 미국의 전면 압박이 시작된 이후 5년 동안은 천재 기업들을 송곳처럼 깎아서 봉쇄망에 구멍을 냈다.

2023년에는 반도체 장비 규제를 뚫고 구형 장비로 첨단 칩을 만들어냈고(화웨이와 SMIC의 7나노 칩), 2024년에는 고사양 반도체의 국산화(CXMT의 DDR5)를 일부 이뤄냈다. 그리고 2025년 미국 오픈AI에 대항하는 고성능 AI 모델 딥시크 R1이 탄생했다. 지금까지 미국의 모든 대중국 기술 제재를 싸잡아 비웃듯이 저성능 반도체로 최고 수준의 AI 모델을 구현했다. 게다가 중국은 AI 발전 과정에서 미국의 기술 패러다임을 뒤집거나 대체재를 찾은 경우가 많고, 독자적인 첨단 기술 생태계 마련에도 성공했다. 양국 AI 기술 격차는 상당하지만, 중국이 돌파할 방법을 찾아냈으니 시간이 지날수록 미국과 대등해지거나 넘어설 가능성이 커 보인다.

물론 중국의 '국가와 천재의 콜라보' 전략이 부작용 없는 만능 돌파구란 이야기는 아니다. 당연히 빠른 기술 개발과 응용 과정에서 정부의 과도한 민간 기업 경영 개입과 개인정보 침해라는 부작용이 지적받을 것이다. 천재의 팔을 비틀어 얻는 창의

중국 정부의 AI 발전 정책

시기	정책	주요 내용
2017년 7월	신시대 인공지능 발전계획	AI 산업 육성을 국가 핵심 전략으로 규정
2018년 4월	대학 인공지능 창신 행동 계획	중국 대학 전역에 AI 학과 신설
2020년 1월	쌍일류 대학의 학과 융합 가속과 인공지능 분야 대학원생 양성 의견	이공계 대학원생의 AI 교육 심화 요구
2020년 7월	국가 신시대 인공지능 표준 체계 건설 지침	AI 산업의 인프라 격인 반도체, 클라우드, 통용 기술 체계화
2021년 3월	14·5계획(14차 5개년 계획)	2030년까지 세계 AI 강국 도약 목표 설정
2022년 7월	인공지능 고수준 응용으로 경제 고품질 발전 촉진 의견	기업 주도 AI 혁신 독려
2023년 7월	생성형 AI(AI모델) 서비스 관리 방법	AI 모델의 혁신과 지원을 국가가 공개 약속
2024년 5월	국영 투자 펀드 대기금 3기 출범	3,440억 위안(65조 원) 조달해 AI 반도체 집중 지원
2024년 12월	중국 경제공작회의에서 'AI+' 전략 강조	모든 산업의 AI 접목 독려 기조

력은 유통기한이 짧은 일회용품이라는 비판도 있을 수 있다. 또 기술 돌파를 위해 기업들이 국가를 위해 '복무'하는 과정에서 특정 산업의 과잉 생산과 시장 교란이 발생하는 사례도 계속 나오고 있다.

향후 중국 지도부가 국가 정책의 큰 방향에서 잘못된 판단을 하거나 내외부 요인으로 국력이 손상되면 지금의 기술 발전 모델이 고꾸라질 수도 있다. 트럼프 2기 행정부를 맞이한 중국은 미국의 2차 대중국 기술 봉쇄에 맞서기 위해 전 국민이 준비 태세를 갖췄지만, 방어가 쉽지만은 않을 전망이다. 트럼프 대통령이 대중국 제재의 범위를 범용 기술 등으로 넓히고, 중국산 제품에 고율 관세를 부과하며 중국이 숨 돌릴 틈을 주지 않을 가능성이 높기 때문이다.

중국이 기술 돌파 과정에서 직면할 가장 큰 위기는 '외란'이 아닌 '내우'일 수도 있다. 부동산 시장 침체, 소비 부진, 지방 정부 부채, 과잉 생산 등 복합적인 이유로 경기 하락이 장기화되면서 사회 불안이 커질 가능성이 높은 탓이다. "중국의 지속 가능한 발전을 위해 한 세대의 희생은 불가피하다"는 식의 국가 운영 기조를 젊은 세대가 언제까지 수용할지도 불확실하다. 중국의 공무원이나 국유기업 직원들은 지방 정부의 재정난으로 인해 연봉을 제대로 못 받는 이들도 많은데, 과연 이들이 충성심만으로 거국동원체제를 끝까지 지켜낼지도 의문이다. 중국인들 사이에서는 중국이 미국에 맞서는 것은 명분에 불과하고, '빅브라더 국가' 확립과 사회 안정이 최종 목표일 뿐이란 이야기도 돈다. 기술 돌파를 위해 힘들게 구축한 '대오'가 흐트러지면 당연히 AI 굴기의 꿈도 물거품이 될 것이다.

Part 3

:

AI
패권전쟁

DEEPSEEK
DEEPSHOCK

AI의 새로운 시대

"3년 만에 구舊세계가 붕괴되고, 신新시대가 빛의 속도로 오고
있다."

세계를 뒤흔든 딥시크의 'R1' AI 모델이 나오기 한 달 전인
2024년 12월 16일, 량원펑이 위챗(중국판 카카오톡)에 올린
한 문장이다. 그는 이 글과 함께 링크 하나를 올렸다. 3년 전
(2021년 2월) 출간된 《시장을 정복한 사람征服市场的人》(한국어판 제
목은 《시장을 풀어낸 수학자》) 중국판[1]을 위해 그가 쓴 서문이다.
이 책은 '퀀트 투자법'으로 현대 금융 역사상 가장 성공한 투자
자에 오른 르네상스 테크놀로지(헤지펀드) 창업자 제임스 사이

먼스 James Simons 의 일대기를 담고 있다.

량원평은 '시장을 이해하는 모델'이란 제목의 이 서문에서 "많은 신기술처럼 퀀트 투자가 막 세상에 나왔을 때는 조롱의 대상이 됐고, 그 누구도 컴퓨터가 인간처럼 투자를 할 수 있다고 믿지 않았다"면서 "사이먼스는 초기에 많은 시도와 실패를 반복했지만, 포기하지 않고 시간은 자신의 편이라고 믿었다"고 썼다. 그러면서 "1988년 사이먼스가 메달리언 펀드(르네상스의 대표 펀드)를 내놨을 때 그는 이미 50세였고, 투자에서 10여 년간 실패를 겪었지만 기회를 붙잡고 새로운 시대로 향하는 열차를 탔다"고 썼다. 서문은 이 문장으로 끝난다.

"어려움을 겪을 때마다 나는 사이먼스의 한마디를 떠올린다. '가격을 모델링(수학적·통계적 모델 구축)으로 예측할 방법이 분명 있을 것이다 There must be a way to model prices. '"

하버드대학교 교수였던 사이먼스는 화려한 이력을 뒤로 하고 투자 업계에 뛰어들어 당시 최고의 퀀트 투자 모델을 만들었다. 량원평도 이와 비슷하게 급격한 '커리어 변화'를 겪고 성공을 거뒀다. 중국 1위 퀀트 투자회사를 뒤로 하고 AI 모델(생성형 AI) 개발사 딥시크를 창업한 것이다. 게다가 두 사람 모두에겐 국가와 엮인 특이한 이력이 있다. 사이먼스는 젊을 때 미 국가안보국NSA에서 일하며 컴퓨터 프로그램 알고리즘으로 소련 암

딥시크 딥쇼크

호를 해독하는 데 성공했고, 량원펑은 딥시크를 설립해 미국의 대중국 기술 봉쇄를 한꺼풀 벗겨냈다.

량원펑이 사이먼스에게 보낸 '헌사'를 읽고서 위챗에 올린 글을 다시 보니 "AI의 돌파구를 찾았다"는 흥분 섞인 외침이 들려온다. 그가 말하는 '신시대'는 분명 'AI의 새로운 시대'를 뜻하는 것이고, 미·중 기술 전쟁의 새 국면을 상징한다. 추격자에서 개척자가 된 중국과 선두를 지키려는 미국의 기술 개발 경쟁은 걷잡을 수 없는 테크 빅뱅을 불러올 것이다.

량원펑의 AI 도전장

량원펑의 다음 행보는 무엇일까. 그는 2024년 7월 중국 매체 인터뷰에서 인간처럼 스스로 추론하며 발전하는 범용 AI(AGI) 모델[2] 실현이 궁극적인 목표라고 말했다.[3] '가성비 AI'에 집중할 생각이 없다는 것이다. 그는 AGI 완성 시점에 대해 "2년, 5년, 혹은 10년 후일 수 있다"면서 "어쨌든 우리가 살아 있는 동안 실현될 것"이라고도 했다. 우공이산愚公移山(어리석은 사람이 노력 끝에 산을 옮긴다는 뜻)이 떠오르는 대답이다.

그는 AGI 구현 방법에 대해서는 "세 가지 방향에 베팅하고 있다"고도 밝혔다. 첫째는 수학과 코드数学和代码, 둘째는 다중모달多模态(이미지·동영상 등 여러 형태의 데이터를 처리하는 AI 기술), 셋째는 언어 그 자체自然語言本身다. 량원펑은 "수학과 코드는 AGI의 자연스러운 훈련장"이라면서 "바둑처럼 폐쇄적이고 검증 가능한 시스템이므로 스스로 실시하는 학습을 통해 높은 수준의 지능을 구현할 가능성이 있다"고 했다. 멀티모달 방식에 대해서는 "인산의 실세 세계에 참여하여 학습하는 것도 AGI 실현에 필수적일 수 있다"면서 "우리는 모든 가능성에 대해 열려 있다"[4]고 말했다. 실제로 딥시크는 텍스트 위주인 R1에 이어 멀티모달 AI인 '야누스 프로Janus-Pro'를 공개(2025년 1월 27일)하며 이미지 생성 기술도 과시했다.[5]

2024년 인터뷰에서는 AGI 구현의 셋째 방향인 '언어'를 따로 언급하지 않고 있는데, 2023년 딥시크 설립 초기에 그가 이런 말을 한 기록이 있다. "우리는 인간 지능의 본질이 언어일 수 있다는 가설을 검증하려고 한다. 인간의 사고 과정이 사실은 언어의 과정일지도 모른다고 생각한다. 당신이 생각한다고 여기는 것이 실제로는 뇌에서 언어를 조합하는 과정일 수 있다. 이는 거대 언어 모델LLM에서 인간과 유사한 인공지능AGI이 탄생할 가능성을 의미한다"[6]라고 말했다.

량원펑이 사람 수준의 AI AGI 구현을 위해 집중하는 3가지 개발 방향

(1) 수학과 코드: 수학 문제를 풀고, 스스로 코드를 작성하는 능력

(2) 다중모달Multi-Modal7: 텍스트뿐 아니라 음성·이미지·영상 등 다양한 유형의 정보를 처리하는 능력

(3) 자연어 처리NLP: AI가 더 똑똑하게 사람의 언어를 이해하고 표현하는 능력

량원펑이 향후 범용 AI 구현이란 장기 목표를 실행하기 위해 취할 전략은 과거 그가 걸어온 길과 '선배 기업'들의 전례에서 유추할 수 있다. 미국산 첨단 반도체를 대체할 국산 반도체 제조를 지휘하고, 미국의 손이 닿지 않는 시장을 확보할 것으로 본다.

우선 량원펑은 다음 프로젝트로 미국산 AI 반도체를 대체할 국산 반도체 개발을 노릴 가능성이 크다. 전 세계에 반도체 설계, 생산 회사를 거느린 애플처럼 딥시크가 중국 AI 반도체 생태계의 지휘자가 될 수 있다는 얘기다. 자사 AI 모델에 적합한 반도체를 중국 주요 기업과 함께 설계하고 제조하는 방식이 첫 단계가 될 것이다. 화웨이가 2023년 중국 1위 파운드리(반도체 위탁생산) 회사인 SMIC와 협력해 구형 장비인 심자외선DUV 노광기로 7나노nm급 스마트폰용 첨단 반도체를 생산했던 사례가 AI 산업에서도 일어나지 말라는 법이 없다.

딥시크의 창업자가 소프트웨어에 대한 이해만큼이나 하드

웨어에 대한 이해도가 높다는 사실을 간과해선 안 된다. 량원펑은 과거 투자회사 환팡량화를 운영하면서 값비싼 AI 반도체 1만 개가 탑재된 수퍼컴퓨터를 구축한 사람이기도 하다. '저사양 반도체'로 고성능 AI를 만들어낸 '소프트웨어 혁신' 다음으로 떠올릴 과제는 '하드웨어 혁신'일 가능성이 높은 이유다.

미국 빅테크의 복잡한 AI 훈련 방식을 '자원 집약적인 방식'으로 대체한 것은 분명 패러다임 변화를 일으켰지만, 장기적으로 AI를 뒷받침하는 '전력'인 반도체의 중요성은 오히려 커졌다는 점도 고려해야 한다. 미국 기업들이 엔비디아 H100 등 고성능 AI 반도체를 이용해 기술 고도화에 박차를 가하는 상황에서 딥시크가 소프트웨어 혁신만으로 이를 극복하기는 쉽지 않다.

오픈AI의 손이 닿지 않는 '오픈소스'란 블루오션을 공략한 딥시크는 향후 이 전략을 더욱 확대할 것이다. 미국의 영향력이 크게 미치지 않는 곳에서 시장을 형성하고, 유료화 속도를 높이는 전략을 예측할 수 있다. 글로벌 사우스Global South(아프리카·동남아시아·중남미 120여 개국)를 느슨한 동맹으로 삼는 중국의 행보를 보면 딥시크의 고객들이 주로 남반구에 퍼져 있을 것이란 예상이 가능하다.

이미 세계 각국에서는 딥시크 차단에 나서고 있다. 한국은 2월 15일부터 딥시크의 신규 앱 다운로드를 차단했고, 미국과 일본, 호주, 이탈리아, 독일, 프랑스, 영국 등은 정부 기관을 비롯한 주요 부문의 딥시크 접속을 막고 있다.[8] 이용자의 데이터를 모조리 수집한다고 명시한 약관을 보면, 딥시크가 어쩌면 처음부터 이들 국가들을 크게 염두에 두지 않은 것으로 보이기도 한다.

딥시크는 초고속 성장기에 접어들었지만, 량원펑이 연구 인력을 무작정 늘리기보다 협력사와 데이터 확보에 집중할 것이란 예상도 해본다. 인력 충원은 불가피하지만, 그의 철학처럼 상위 1%의 순도 높은 천재들로 꾸린 작은 팀이 거대 기업보다 혁신에 유리한 측면이 있기 때문이다. 실제로 그는 환팡량화가 중국 1위 퀀트 투자회사에 등극했을 때도 인력을 늘리는 데 부정적이었고 핵심 인력 300명의 규모를 유지하고자 했다. 그렇기에 딥시크가 자체 증원하기보다 외부와 손잡는 방식으로 역량을 키울 것이란 전망이 나오는 이유다. 자연어 처리에 전문성을 가진 기관과 손잡거나 데이터량이 중국에서 가장 많은 바이트댄스(틱톡 모회사), 텐센트(위챗 모회사) 등과 협력하는 것이 당장 유리해 보인다. 딥시크가 '언어'를 중요시 하고, 다중모달 AI 개발에도 뛰어든 상황에서 데이터에 대한 갈증이 매우 클 것이기 때문이다.

공교롭게도 미국의 샘 올트먼 오픈AI CEO도 범용 AI 개발

딥시크 딥쇼크

미국 주도 AI 발전 과정에서 한 획을 그은 딥시크

1950년	'컴퓨터 과학의 아버지' 앨런 튜링(영국인)이 AI 개념 창조
1982년	존 홉필드 미국 교수, 신경망의 시초 '홉필드 네트워크' 개발
1997년	미국 IBM 딥 블루, 체스 세계 챔피언 가리 카스파로프에 승리
2006년	제프리 힌턴 캐나다 교수, AI 학습 방법인 '딥러닝' 기술 개발
2016년	미국 구글 딥마인드 알파고, 바둑에서 이세돌 9단에 승리
2022년	미국 오픈AI, 챗GPT 발표
2025년	중국 스타트업 딥시크, 저비용 고성능 AI 생성형 모델 발표

에 대한 의지를 밝혔다. 그는 2025년 2월 10일 자신의 블로그
에 올린 '세 가지 관찰Three Observations'이란 제목의 글에서 "우
리의 사명은 범용 AI가 인류에게 이롭게 작용하게 하는 것"이
라고 운을 뗐다. 그러면서 "새로운 세대는 전기, 트랜지스터, 컴
퓨터, 인터넷에 이어 범용 AI를 곧 만들어낼 것electricity, the transis-
tor, the computer, the internet, and soon AGI"이라고 했다.

그는 "범용 AI는 인간이 함께 쌓아올린 진보의 발판에서 탄
생한 또 다른 도구"라며 "이를 통해 10년 안에 오늘날 가장 영

향력 있는 사람이 하는 것보다 더 많은 것을 이룰 수 있게 될 것"이라고 말했다. 이어 "놀라운 경제성장을 가져오고, 모든 질병을 치료하며 가족과 함께 즐길 시간을 확보할 수 있게 해주고, 우리의 창조적 잠재력을 온전히 실현할 수 있는 세상이 온다"고 했다.

딥시크로 촉발된 AI 개발 비용 논란에 대해서도 반박했다. 그는 AI 훈련에 투입되는 데이터와 연산이 늘어날수록 AI 모델 성능이 좋아진다는 '스케일링의 법칙'이 여전히 유효하다고 강조했다. 또 AI 사용 비용이 12개월마다 10분의 1 수준으로 감소한다는 점도 밝혔다. 올트먼은 2023년 초 GPT-4에서 2024년 GPT-4o로 넘어올 때 개발·서비스 비용이 150분의 1로 줄어든 사례를 언급하며 "우리가 사람들에게 제공하는 제품들에서 환상적인 일이 일어날 것"이라고 했다. 전 세계에서 가장 앞선 AI 기술을 보유한 미국 기업이 중국 AI 기업을 본격적으로 견제하겠다는 예고였다.

실리콘밸리의 반격

딥시크 쇼크에 직면한 샘 올트먼은 빠르게 글로벌 동맹을 구축하며 방어에 나섰다. 딥시크 공개의 충격에서 아직 벗어나지 못한 2025년 2월 4일 한국을 찾은 올트먼은 삼성전자 서초 사옥을 찾아 이재용 삼성전자 회장, 손정의 일본 소프트뱅크그룹 회장과 함께 AI 협력 방안에 대한 3자 회동을 가져 주목을 끌었다.[10] 손정의는 200조 원 규모의 비전펀드를 운영하며 첨단 기술에 투자하는 글로벌 테크 업계의 큰손이고, 삼성은 세계 최대 메모리 생산업체인 동시에 AI 반도체 제조사(파운드리)다. 세 사람이 한자리에서 만난 것 역시 처음이었다. 세계적인 이목을 모은 이 3자 회동이 딥시크의 충격과 무관하다고는 말하기 힘들 것이다.

올트먼의 방한은 트럼프 집권기에 미국이 중국에 맞서 AI 역량을 강화하기 위한 국가적인 움직임으로도 볼 수 있다. AI 분야에서 한·미·일이 역할 분담을 통해 시너지를 내고, 더 나아가 기술과 데이터를 공유하는 글로벌 네트워크를 공고히 하자는 것이다.

이 자리에서 손정의와 올트먼은 이재용 삼성전자 회장에게 초거대 AI 인프라를 구축하는 미국의 '스타게이트 프로젝트'에 참여해줄 것도 제안했다. 트럼프 대통령은 취임식 이튿날 백악관에서 오픈AI와 소프트뱅크, 오러클이 합작사 '스타게이트'를 설립해 미국 AI 인프라에 4년간 5,000억 달러(약 730조 원)를 투자한다는 야심 찬 계획을 발표했다.

새로운 추론 모델과 신제품 개발 계획까지 내놓으며 공격적인 행보를 보이고 있는 오픈AI는 2025년 1월 3일 박사급 심층 추론 모델 '딥리서치'를 공개했다. 챗GPT에서 딥리서치 기능을 활성화하면 5~30분간 웹을 검색하고 심층적으로 분석해 전문적인 수준의 보고서를 제공한다. 딥리서치는 현재 가장 어려운 AI 성능평가(벤치마크)로 불리는 '인류의 마지막 시험Humanity's last exam'에서 딥시크 최신 추론 모델인 R1 대비 3배 가까운 정확성을 보였다.

딥시크 딥쇼크

글로벌 산업기술 격차 추이

기술격차(상대비교)	2013	2023
미국(최고수준)	0.0	0.0
유럽	0.4	0.39
일본	0.4	0.43
한국	1.4	0.9
중국	2.5	1.2

출처: KEIT, 한국산업기술평가관리원

미국 빅테크의 대규모 AI 투자 현황

기업	투자 규모	내용
소프트뱅크	150억~250억 달러	오픈AI에 대한 투자 협상 중
오픈AI·소프트뱅크·오러클	5,000억 달러	미국 AI 인프라 프로젝트 '스타게이트'
메타	650억 달러	2025년 AI 인프라 구축 비용
마이크로소프트	800억 달러	2025년 AI 관련 자본 지출 예상치

오픈AI는 대대적인 '제품 정리'에도 나섰다. 시장에 출시한 모델이 늘어나며 이용자가 불편함을 겪자 AI 역량을 통합해 제품 라인을 간소화하겠다고 밝힌 것이다. 2025년 2월 12일 올트먼은 X에 "제품 라인이 복잡해졌음을 잘 알고, 이를 간소화하겠다"면서 "이용자들이 복잡한 모델 대신 '그저 잘 작동하는' AI를 원하는 것을 알고 있다"고 했다. 오픈AI는 현재 비非추론 AI 모델인 GPT 시리즈와 추론용 모델인 'o' 시리즈를 나눠서 출시하고 있다. 올트먼은 GPT-4.5가 현 세대인 GPT-4o를 잇는 마지막 비추론 AI 모델이며, 이후 출시되는 모델부터는 추론과 비추론 AI를 통합시킨다고 시사했다. 올트먼은 스마트폰을 대신하는 AI 전용 단말기와 독자 반도체 개발에 나서겠다는 계획도 내놨다.

글로벌 빅테크들 역시 AI에 대한 대규모 투자에 박차를 가하고 있다.《뉴욕타임스》는 2025년 1월 30일 "딥시크의 출현은 AI에 천문학적 자본을 쏟아붓는 '미국식 접근 방식'을 위협하고 있지만, 빅테크들은 그럼에도 전속력 전진을 답이라 생각하고 있다"고 보도했다.

그러나 미국에 대항하는 중국의 AI 군단도 만만치 않다. 2024년에 조성된 80조 원 규모의 국가 펀드 자금은 민간 기업들의 나침반 역할을 하며 빠르게 적재적소에 자본을 배치할 것이다. 경쟁력 높은 AI 기업도 중국에서 빠르게 늘어날 것이다. 중국의 AI 관련 기업 201만 개 중에 AI 핵심 연구와 응용 사업을 추진하는 기업을 엄격하게 추려보면 4,400개인데,[11] 이미 미국(1만 5,000개)에 이어 세계에서 두 번째로 많다.[12] 중국 정부기관이 최근 발표한 보고서에 따르면 세계 AI 기업(2만 9,542개)의 34%가 미국, 25%는 중국에 있다.[13]

'딥시크 금지령'이 세계적으로 확산되면서 중국 기업들의 결집도 빨라졌다. 중국 최대 메신저 기업, 통신사, 자동차 기업까지 딥시크를 밀어주고 있다. 중국의 수퍼앱인 위챗(중국판 카카오톡)을 운영하는 텐센트는 2025년 2월 15일 자사 서비스에 딥시크의 AI를 통합하겠다고 밝혔다.[14] 장젠중 전 엔비디아 중국 총괄 매니저가 설립한 AI 반도체 설계회사 무어 스레드 테크놀로지Moore Threads Technology는 "자체 개발한 반도체를 기반으로 하는 AI 데이터센터를 개설해 딥시크의 AI 모델을 서비스할 계획"이라고 밝혔다. 무어 스레드 테크놀로지처럼 딥시크를 자체 기술로 서비스하겠다고 나선 기업 10여 곳의 리스트가 중국에서 '애국 반도체 기업'이란 이름으로 돌고 있다.

중국 최대 SUV 생산업체인 만리장성 자동차GWM는 딥시크 AI 모델을 차에 탑재해 자동 주행 보조, 차량 고장 예측 등 차량 핵심 기능을 강화하는 데 활용할 계획이라고 발표했다. 이런 움직임을 두고 《사우스차이나모닝포스트》는 "중국 중심의 AI 체계를 구축하기 위해 중국 IT 업체들이 단결하고 있다"고 평가했다.

중국 지방정부들도 어떻게든 딥시크를 지원하기 위해 팔을 걷어붙였다. 베이징시와 광저우시, 톈진시, 선전시 등 대도시들은 딥시크를 활용해 문서 교정 등 단순 업무 시간을 단축하고 실종자 찾기나 교통 체증 해소 같은 대민 서비스를 개선하겠다는 계획을 연이어 내놓고 있다.

작은 생선을 요리하듯

AI 미·중 전쟁에서 중국은 미국의 휘몰아치는 공격에도 물러서지 않을 것이라고 확신한다. 중국 지도부[15]가 한번 목표를 세우면 바꾸지 않는 특징이 있기 때문이다. 2024년 12월 7일, 중국 외교부는 공식 소셜미디어 계정에 애국 영상을 게시하면서 "당신을 죽이지 못한 것은 당신을 더 강하게 만들 뿐"이란 제목을 달았다. 독일 철학자 프리드리히 니체가 1888년작 《우상의 황혼》에 남긴 문구를 미국에 맞서는 중국의 선전 문구로 삼은 것이다.

중국 지도부는 2020년 미국과의 과학기술 냉전이 장기화되고 기술 봉쇄의 충격이 커지자 과학기술 자립을 국가 발전 핵심 목표로 삼았다. 그해 5월 시진핑 주석이 '쌍순환双循环(내수 확대·기술 자립)' 전략을 발표했고[16], 같은 해 10월 중국공산당 중앙위원회 5차 전체 회의(5중전회)에서는 과학 자립을 '전략적 기둥'으로 삼고 혁신을 국가 현대화의 '핵심 지위'에 놓았다. 2035년까지 "핵심 과학기술에서 중대한 돌파를 이뤄 혁신형 국가의 선두에 선다"는 목표도 제시했다.

미국의 기술 봉쇄를 뚫고 나아가겠단 목표를 세웠다면 이것을 실현하는 것 외에 다른 선택지가 없다. 시진핑 주석은 2012년 권력을 잡은 이후 '큰 나라를 다스리는 것은 작은 생선을 요리하는 일과 같다治大國如烹小鮮'는《도덕경》의 고사를 치국 이념으로 언급해왔다. 생선을 구울 때 자주 뒤집으면 살점이 떨어져 나가기에 진득하게 익기를 기다리고 조심스럽게 건드려야 하는 법이다. 치국 또한 목표를 바꾸지 말고 뚝심 있게 밀고 나가야 한다는 주장이다.

시진핑 주석은 2023년 집권 3기를 맞아 '고품질 발전'과 '신품질 생산력'이란 구호를 전면에 내세웠다. 이들 구호는 단기간의 경제 성장을 희생하는 한이 있더라도 첨단 기술이 주도하는 신新경제 모델을 구축하겠다는 의지의 표현이다. 2024년 7월에는 시진핑 주석이 장쑤성에서 젊은 연구·개발 인력들을 만나 "10년 동안 칼을 가는 집념을 발휘하라"고 당부했다. 중국 국가

딥시크 딥쇼크

계획에서 발표한 IT·로봇·전기차·우주항공 등 전략 산업 리스트도 변함없이 유지되고 있다. 한국과 미국 등 자유진영 국가들에서 정권 교체와 정치 다툼으로 원전, 전기차 등 주요 산업 정책이 수시로 바뀌는 상황과 대조적이다.

중국의 고집은 과거 외부 압박을 뚫고 기술 돌파를 이룬 경험이 축적되어 나타난 것이다. 부정할 수 없는 사실은 마오쩌둥이 세운 중국이 외부 압박을 뚫고 '기술 돌파'를 해낸 경험이 많다는 것이다. 중국의 원자폭탄 제조, 위성 발사, 수퍼컴퓨터 개발, 유인우주선 탐사 등의 사례가 대표적이다.

1959년 6월, 소련이 중국의 원자폭탄 제조를 돕겠다는 약속을 파기하자 중국 정부는 곧장 자력으로 핵무기를 개발하는 '596' 프로젝트를 가동하고, 단 5년 만에 '추샤오제邱小姐'(중국의 첫 원자폭탄의 암호명으로 추처럼 둥근 외형을 가진 아가씨란 뜻) 투하 실험에 성공했다. 당시 중국이 암묵적으로 정한 데드라인은 1967년 1월이었는데, 미국과 소련이 중국의 핵 프로젝트에 제재를 가할 수 있다는 정보를 입수하고 핵실험 일정을 2년이나 앞당겼다.

전기차 굴기도 대표적인 사례다. 중국은 2001년 이후 국가 첨단 기술 발전 계획('863'계획)에 신에너지차를 포함시키고 전기차 산업에 국가 역량을 총동원했다. 전기차 굴기 선언 원년으로 여겨지는 2014년에는 전기차(하이브리드차 포함) 판매량이 7만 5,000대에 불구했지만, 기업이 자생력을 갖추기 전까지 '정책주도형(전기차 보조금)' 시장을 형성하여 주요 업체들이 글로벌 기업으로 성장할 수 있는 토양을 제공했다. 덕분에 2023년에는 세계 1위(491만 대) 자동차 수출국으로 도약했다.

그러니 중국 기업들은 목표가 아무리 요원해도 혁신을 재촉할 수밖에 없다. 알리바바 창업자 마윈(2024년 하반기부터 공식 활동 재개)을 비롯한 대기업 총수들은 2024년 연례 기업 행사에서 'AI'와 '반도체', '출해出海'(해외 시장 개척)에 대한 언급을 빼놓지 않았다.

량원펑도 "중국 경제가 하향세로 접어들고 있고, 자본도 침체 주기에 들어서면서 기술 혁신은 억제되지 않을까요?"라는 질문에 이렇게 답한다. "저는 그렇지 않다고 봅니다. 중국의 산업 구조 조정은 핵심 기술의 혁신에 더욱 의존할 것입니다. 과거 많은 사람들이 빠르게 부를 이룬 것은 시대적 운에 따른 것이란 사실을 알게 되면 진정한 혁신에 적극적으로 나서게 될 것입니다."[17]

지방정부들도 지도부의 기술 돌파 기조에 보조를 맞춘다. 중국에서 지방정부는 한국이나 미국과 다르게 '채점자' 역할을 하는 지도부를 의식할 수밖에 없다. 지방정부 수장의 승진이 상

첨단 기술 강국을 향한 중국의 장기 전략

출범 시기	정책명	주요 목표 및 내용
1978년	개혁개방 정책	경제 개방과 외국 기술 도입을 통해 첨단 기술 산업의 기초 확립
1986년	863 프로그램	핵심 첨단 기술 개발을 위한 국가 프로젝트
2006년	국가 중장기 과학 기술 발전 계획	2020년까지 신재생 에너지, 바이오, IT 분야의 독립적 기술 확보와 기술 강국 도약
2015년	중국제조 2025	첨단 제조업 육성을 통한 제조 강국 전환, 반도체와 로봇 등 10대 산업 집중 지원
2017년	신시대 인공지능 개발 계획	AI 글로벌 선두, AI 인재 양성
2022년	디지털 중국 구축 전략	디지털 인프라 확대와 빅데이터, AI 활용을 통한 디지털 경제 성장

부 평가에 달려 있기 때문이다. 이 때문에 경제성장률 목표 달
성과 외자 유치 외에 첨단 기술 양성 과제까지 수행하는 요즘
공무원들 사이에서는 '이것도 하고, 저것도 하며, 그것도 해라既
要, 又要, 还要'는 유행어가 돌고 있다. 미션임파서블에 가까운 지도

중국·미국·한국의 기술 혁신 시스템

특징	중국	미국	한국
정부 역할	지휘자	촉진자	지지자
혁신 방식	- 기술 목표 위해 경제 일부 희생 - 국가 주도 연구, 기업 육성 - 지방정부에 목표 할당	- 기술 발전 통한 경제 성장 추구 - 구글, 애플 등 대기업 주도 혁신 - 국가 개입 증가 추세	- 기술 기업에 국가 경제 의존 - 삼성, 현대 등 대기업 주도 혁신 - 간접 지원과 산학연 협력 장려
인재 육성	- 천재 육성 시스템(소수정예) - 이공계 인재풀 극대화(인해전술)	- 리더 육성 시스템 - 해외 천재 흡수 - 세계 최고 교육 환경 보유	- 평준화된 우수 인재 양성 시스템 - 이공계 인재 유출 심화
국제 협력	- 외교와 산업 협력 연계 - 대기업의 출해出海 전략	- 공급망 동맹 형성 - 다국적 기업의 기술 수집	- 공급망 동맹 합류 - 기술 우위를 이용한 시장 확보

부의 지시를 비꼬는 말이다.

　중국은 어쩌면 장기화되는 미국의 기술 봉쇄와 경기 하락 속에서 트럼프 대통령의 등판이 고마울지도 모른다. 트럼프 대통령이 노골적으로 중국을 비난하고 협박할수록 중국의 '전시 태세' 구축이 수월해지고, 전 국민 동원의 명분이 확실해지기 때문이다.《손자병법》에선 "전쟁에서 승리하려면 '도道'가 가장 중요하다"고 했는데, 이는 군주와 백성이 하나되어 같은 목표를 향해 나아가는 상태를 이르는 말이다.

정공으로 맞서되 변칙으로 이긴다

그런데 중국에서 실무 담당 정부 관료들을 만나보면 "중국의 강점은 정책을 수시로 수정하는 유연성"이란 말을 많이 한다. 언뜻 시진핑의 '작은 생선 요리' 치국 이념과 모순되는 말처럼 들린다. 실상은 중국은 나아가는 큰 방향을 절대 틀지 않되, 장애물을 만나면 손쉽게 변칙을 쓴다는 뜻이다.

> "전쟁에서는 정공으로 맞서되 변칙으로 이긴다.凡战者, 以正合, 以奇胜"
>
> ─《손자병법》

중국에서는 오래 전부터 정공법을 바탕으로 하되 변칙으로

딥시크 딥쇼크

승부수를 띄우는 전략을 즐겨 썼다. 점프력이 뛰어난 마라톤 선수처럼 '목표 달성'과 '장벽 넘기'에 모두 능한 셈이다. 중국은 AI를 비롯한 첨단 기술 돌파 과정에서 주로 세 가지 변칙을 도입하는데, 각각 빠르게 위기에 대응하는 'TF 만들기', 시장에서 무한경쟁을 일으키는 '옥석 가리기' 그리고 기술 업그레이드를 불러오는 '대어 풀기'가 바로 그것이다.

TF 만들기

중국은 거대한 국가지만, 변화에 대응할 때는 소조직을 이용해 빠르고 유연하게 움직인다. 당이나 정부에 태스크포스^{TF} 조직을 만들고 신속하고 명확한 의사결정을 추구하는 것이다. 2023년에는 당 직속으로 중앙과학기술위원회를 신설해 국가 과학기술 발전의 중대 전략을 총괄 지휘하도록 했다. 자원 배분에서 가장 중요한 기술 과제를 우선적으로 챙길 수 있도록 시스템을 구축한 것이다. 이 TF는 딩쉐샹 부총리가 이끈다.

2018년에는 트럼프 행정부가 국방수권법^{NDAA}을 통과시켜 중국 기업에 대한 제재를 강화하자, 과학기술 영도소조(국가 과학기술 체제 개혁과 혁신 체계 건설 영도소조)를 만들어 기민하게 대응했다. 향후 중국은 AI 분야의 발전을 가속화하기 위해 추가적인 국가 차원의 TF를 출범할 것으로 보인다.

옥석 가리기

중국 정부는 기술 산업이 성숙기에 이르면 정부 주도 육성책을 축소하고 무한경쟁을 부추긴다. 중국의 모든 기술 기업들은 '2차 오디션'을 치르는 운명을 타고 난 셈이다. 처음에는 국가의 핵심 산업 가치 사슬에 유입됐다는 것만으로 보조금과 원활한 투자 유치, 인재 확보 등의 혜택을 받아 빠른 성장을 이루지만, 이후에는 '쥐안⁺'(치킨게임)으로 묘사되는 치열한 생존 싸움을 치러야 한다. 이 과정을 거쳐 중국 기업들의 2차 성장이 일어나고 매너리즘이 해소된다.

사례는 무궁무진하다. 중국의 대표적인 핀테크 기업인 위챗페이와 알리페이는 2013년부터 '무이자 계좌 이체 서비스'를 도입하여 고객을 대거 유치했다. 중국 주요 은행들이 우려를 표명했지만, 중국 정부는 이들 핀테크 기업의 성장을 지원했다. 그러다 2017년에 이르러 중국 정부는 핀테크 기업들의 자금을 은행에 예치하도록 하는 규제를 도입하여 금융 시스템의 안정성을 강화했다.

현재 중국에는 300개 이상의 AI 모델이 난립하고 있다. 중국 정부는 일정 시점에서 강력한 규제를 도입해 승자 그룹만 남기는 '옥석 가리기'에 나설 것이다.

　　　　　　　　　　　딥시크 딥쇼크

중국 AI 모델 시장

- AI 모델: 302개(전 세계의 36%)

- AI 모델 사용자: 2억 4,900만 명

- 대표 AI: 딥시크(1억 2,500만 명, 2025년 1월 기준)

  더우바오(2억 4,000만 명) 키미(1억 8,000만 명)

출처: 공업정보화부 국가인터넷정보판공실

대어풀기

중국 정부는 자국 기술 기업들의 도약을 위해 세계 일류 기업에게 시장을 내주는 '충격 요법'도 불사한다. 2019년 상하이 기가팩토리 설립은 테슬라가 글로벌 최정상 기업으로 도약하는 전환점인 동시에, 중국 전기차 산업에 지각변동을 일으킨 대사건이었다. 당시 중국 정부는 외자기업 최초로 100% 단독 출자를 허용하며 테슬라의 상하이 공장 건설을 지원했다. 국영은행의 저리 대출 등 전폭적인 지원도 이어졌다. 그 결과, 테슬라를 견제하기 위해 중국 전기차 기업들도 기술력을 끌어올리며 성능과 가성비를 갖춘 차량을 생산하기 시작했다. 특히 비야디[BYD]는 2023년 4분기 테슬라의 판매량을 넘어서며 글로벌 1위 전기차 업체로 올라서는 기염을 토했다.

전기차 산업뿐 아니라 반도체·스마트폰 등 주요 첨단 산업에서도 중국은 비슷한 전략을 구사한다. 애플은 오포·비보·샤오미·화웨이와 함께 중국의 스마트폰 전문 인력과 밸류 체인을 공유하며 제조 기반 확대에 기여했고, 삼성전자 역시 중국 메모리 반도체 생태계에 활력을 불어넣은 대어 중 하나였다. AI 모델이라는 새로운 산업에서도 특정 외국 기업이 중국의 전략적 대어로 선택될 가능성을 배제할 수 없다.

중국의 정공법	중국의 변칙
1. 초고속 연구 추진	1. TF 만들기
2. 막대한 자본 공급	2. 옥석가리기
3. 대규모 천재 양성	3. 대어 풀기
4. 챔피언 기업 육성	
5. 강력한 정책 지원	

중국 지도부의 생각에 대해 알고 싶다면 이 말을 기억하면 된다.

"땅에는 원래 길이 없었다. 걷는 이가 많아지면 그곳이 길이 된다.地上本沒有路，走的人多了，也便成了路"

딥시크 딥쇼크

루쉰의 소설《고향》에 나오는 문구다. 중국은 목표만 있으면 길은 만들어가는 것이라고 생각한다. 그리고 그 길은 그때그때 변칙으로 만들어진다.

중국이 믿는 구석

중국이 미국의 기술 봉쇄를 서서히 돌파하면서 얻은 자신감도 무섭다. 한 번 물이 새기 시작한 둑은 속절 없이 무너지기 때문이다.

미국이 2020년부터 반도체 장비, AI 반도체, 자본이라는 3가지 트랙으로 중국에 제재를 가해왔지만 점차 한계를 드러내고 있다. 메모리반도체의 양대 축인 낸드플래시와 D램 분야에서 중국 1위 기업들이 기술 돌파를 실현하고 있기 때문이다. 중국의 낸드플래시 분야 1위 기업인 창장메모리YMTC는 2023년에 이미 세계 최고 수준인 232단 낸드플래시 양산에 성공하며 미국의 대對중국 반도체 제재에 대항하는 상징이 됐다. 미국 상무

딥시크 딥쇼크

부가 2022년 말 이 기업을 수출 통제 명단에 올렸는데, 이에 굴하지 않고 자국 반도체 장비 기업들을 이끌어 첨단 제품 생산 체계를 구축한 것이다. 2024년에는 삼성전자(점유율 35.2%)와 SK하이닉스(20.6%)가 장악한 글로벌 낸드플래시 시장에서 4% 수준의 점유율을 기록하며 세계 7위 업체로 올라섰다.[18]

중국 최대 D램 제조사인 창신메모리CXMT는 글로벌 D램 시장에서 지난 2020년 바닥이었던 점유율이 2024년 5%까지 늘었다. 글로벌 D램 시장의 80%를 차지하는 삼성전자·SK하이닉스에 비해 아직 미미한 수준이지만, 수년 내에 한국 메모리 산업을 따라잡을 수도 있다는 전망이 나온다.[19] 2024년 말, CXMT는 한국 기업들의 최신 주력 제품인 첨단 D램 'DDR5' 양산에도 돌입했다. 그동안 구형 D램만 생산하던 회사가 AI 서버, AI PC에 쓰이는 첨단 D램에까지 손을 대며 저가 물량 공세 전선을 확대한 것이다.[20]

삼성전자는 내부적으로 낸드플래시는 중국이 한국과 대등한 수준까지 올라섰고, D램 기술 격차는 3년 정도면 사라질 것으로 보고 있다. 중국 기업들은 AI 반도체 분야에서도 화웨이를 필두로 추격전에 속도를 내는 중이다. 화웨이가 2024년 하반기에 내놓은 AI 반도체 어센드910C는 미국 엔비디아 A100 반도체 대비 80%의 성능을 갖췄다고 중국 업계에서 평가한다. 아직 고성능 AI 반도체에서 엔비디아의 아성에 도전할 정도는 아니지만, 향후 구도가 어떻게 바뀔지는 모르는 일이다.

중국 반도체 굴기 계획의 토대는 대학에서도 다져지고 있

중국의 미국 'AI 봉쇄' 대응 방안

미국 규제	중국 대응
반도체 장비 수출 제한 - 2020년 5월: 화웨이(반도체 설계)에 첨단 반도체 공급 금지 - 2020년 12월: SMIC(반도체 위탁 생산) 무역 블랙리스트 등재 - 2022년 10월: 첨단 반도체 장비 중국 수출 제한	- 2023년 7월: 화웨이·SMIC 손잡고 구형 장비 이용한 공정으로 7나노 반도체 양산 - 중국 반도체 장비 회사 2022~2024년 연 평균 4만 개 설립
AI 반도체 수출 제한 - 2022년 9월: 최첨단 AI 반도체 대중국 수출 금지 - 2023년: 저사양 AI 반도체까지 수출 제한 확대 - 2024년: HBM(고성능 메모리 반도체) 수출 전면 금지	- 2023년: 첨단 반도체 우회 공수해 AI 반도체 출시 - 2024년: 창신메모리CXMT가 첨단 D램 'DDR 5' 양산 - 2025년 1월: 딥시크, 저사양 반도체로 고성능 AI 개발
중국 기술 투자 제한 - 2023년 8월: 대중국 AI·첨단 반도체 투자 금지 행정명령 발표(2025년 1월 시행)	- 2024년: 중국 국가 주도로 3,440억 위안(약 65조 원) 규모 반도체 펀드 조성 - 국가 프로젝트 발주, 보조금 지급

딥시크 딥쇼크

다. 대표적인 사례가 중국과학원이 2019년부터 추진한 일생일심一生一芯(학생 한 명당 반도체 한 개) 프로그램이다. 매년 400명 정도의 신입생을 뽑는 중국의 최고 기술 대학에서 전교생을 대상으로 반도체 교육을 하고 있다. 3~7개월 단기 집중 교육을 통해 반도체 실계 능력을 갖추도록 하는 게 목표다.

첨단 기술 시장 전반으로 시야를 넓혀보면, 중국의 약진은 더욱 무시할 수 없는 수준에 도달했다. 2024년 8월 호주 전략정책연구소가 내놓은 세계 핵심기술 64개의 연구 경쟁력 평가에서 중국은 57개 분야에서 1위를 기록했다. 반면, 미국은 단 7개의 분야에서만 선두를 차지했다. 홍콩《사우스차이나모닝포스트》는 자체 조사를 통해 "중국이 미국 제재 속에서도 2015년에 도입한 산업 진흥책인 '중국제조 2025'의 목표를 86% 이상 달성했다"고 결론 내렸다.

AI와 반도체 외 분야에서도 중국의 성과는 눈부시다. 2024년 중국의 신에너지차(전기차 포함) 판매량은 1,000만 대를 최초 돌파하며 2위를 까마득하게 따돌렸다. '삼성의 발명품'으로 불리던 폴더블 스마트폰의 중국 출하량은 한국의 4배에 가깝다. 미국의 대중국 제재를 상징하던 화웨이는 부활에 성공해 폴더블 스마트폰의 최강자(출하량 기준)로 도약했다. 세계적 드론업체 DJI와 이항EHang은 글로벌 공중전에서 승리를 거두고 있다. 전

중국의 첨단 기술 기기·서비스

분야	대표 기업	특징
전기차	비야디[BYD]	수륙 양용, 360도 제자리 회전 전기차 'U8'
자율주행차	바이두(중국판 네이버)	무인 로보 택시 '아폴로 고'
로봇	유니트리	태산의 쓰레기 수거용 로봇 개 'B2'
드론	메이퇀(중국판 배달의민족)	만리장성 등에서 '드론 배달' 서비스
모바일 결제	웨이신(중국판 카카오톡)	손바닥 인식으로 결제하는 '팜페이먼트'
사물인터넷	샤오둬커지	공중화장실 소변기로 개인 건강 상태 살피는 '위처' 서비스
플랫폼	항뤼중헝	비행기 동승 탑승객 '단체 대화방' 서비스

세계 드론 시장의 90%를 중국이 장악했고, 국가적 지원 속에 수직 이착륙 항공기[eVTOL] 신제품이 속속 출시되고 있다.

이렇게 진작된 사기를 기반으로 중국은 미국 트럼프 2기 출범에 맞춰 AI 기술 경쟁의 도전장을 내민 것이다. 트럼프 1기 행정부 당시 첨단 기술 영역에서 미국의 제재에 속수무책으로 당하기만 했던 중국은 이제 없다. 실제로 2024년 12월 2일, 중국을 직접 겨냥한 미국의 AI칩 수출 통제 등 제재가 발표된 직후, 중국은 단 하루 만에 대對미국 광물 수출 제한, 미국 반도체 구매 제한령令을 내렸다. 자국의 AI 산업 발전을 위해 수퍼을로 대접해줬던 미국 엔비디아에 대해서도 조사에 착수했다. 중국의 관변 평론가인 후시진胡錫進 전《환구시보》편집장은 "중국의 반도체 등 기술 산업이 8년 전보다 훨씬 강해졌기 때문에 강력한 성명을 즉각 발표할 수 있었다"고 했다.

제2의 딥시크

2025년 2월 17일, AI와 전기차, 반도체 등 첨단 기술 분야를 선도하는 중국 기업가들이 베이징에서 시진핑 주석과 마주 앉았다. 첫 줄 가장자리에 앉은 량원펑은 딥시크가 세계적으로 주목받은 이후 처음으로 공개 행사에 모습을 드러냈다. 직전 공개행보는 1월 20일 리창 중국 총리(국가 서열 2위)가 주재한 심포지엄 참석이었다. '중국 AI 굴기'의 상징으로 떠오른 량원펑이 불과 한 달 사이에 중국의 일인자와 이인자 모두를 만난 것이다.

이날 베이징에서 열린 시진핑 주재 민영기업 심포지엄은 매우 이례적인 행사였다. 시진핑 주석이 민간 기업인들과 좌담회를 연 것은 2018년 이후 처음으로, 이날 격려사에서 기업 활동을 적극 장려했다. 참석자들은 시진핑 주석이 행사장에 입장하자 기립박수로 맞이한 뒤 각각 발언했고 대다수는 시진핑 주석의 발언을 꼼꼼하게 메모했다.

이번 좌담회에 참석한 기업인들은 량원펑을 비롯해 마화텅 텐센트 창업자, 마윈 알리바바 창업자, 런정페이 화웨이 창업자, 왕촨푸 비야디 회장 등이었다. 이들이 이끄는 기업들은 AI(딥시크), 반도체(웨이얼), 로봇(유니트리), 전기차(비야디), 배터리(CATL) 등 첨단 기술 산업군에 속하는 경우가 대부분이었다. 전통 산업군에서는 '식량 주권'을 상징하는 농업과 유제품 기업의 수장이 자리했다.

시진핑 주석은 이날 민영기업 대표 여섯 명의 발언을 들은 뒤 "민영경제 발전은 큰 잠재력이 있고 많은 민영기업과 기업가들이 두각을 나타내는 것은 시의적절하다"면서 "선부先富가 공동부유共富(다 같이 잘 사는 것)를 촉진하길 바란다"고 말했다. 기존에 본인이 내세웠던 이념인 '공동부유'에 앞서 덩샤오핑의 '선부론(능력 있는 사람이 먼저 부자가 되어 나머지 사람들을 돕는 것)'을 이례적으로 언급한 것이 눈길을 끈다.

특히 중국 기술 굴기의 상징인 화웨이의 창업자 런정페이와 중국 정부의 사정 칼날에 맞았다가 2024년 하반기부터 공개 활동을 재개한 마윈 알리바바 창업자가 나란히 참석한 점이 흥미

로웠다. 마윈은 2020년 10월에 왕치산 당시 국가 부주석을 비롯해 최고위 당국자들이 대거 참석한 포럼에서 금융당국 규제를 강도 높게 비판했고, 이후 중국 정부의 빅테크 규제 칼날의 타깃이 됐다. 마윈의 발언 직후 그해 11월 예정됐던 알리바바 산하 앤트그룹의 상장이 무산됐고, 알리바바는 핵심 수익원이었던 인터넷 소액 대출과 금융투자상품 판매를 중단할 것도 강요받았다. 또한 마윈이 공개 석상에서 사라진 뒤 2년여 동안 당국은 알리바바에 대한 조사를 벌여 수조 원대 벌금을 부과했다.

부활한 마윈이 영웅 런정페이와 함께 행사에 초대를 받은 것은 그에 대한 '개조 작업'이 끝났을 뿐 아니라 중국이 민간기업을 기술 혁신의 핵심 동력으로 삼겠다는 강력한 신호로 해석된다. 민생증권 수석 이코노미스트 타오촨陶川은 "(이번 좌담회는) 민영기업이 중·미 기술 경쟁의 최전선에서 다시금 중요한 역할을 하게 된다는 신호"라면서 "민영기업 기술 혁신을 돕는 정부의 정책 지원이 크게 강화될 것"이라고 전망했다.

시진핑 주재 심포지움에 참석한 주요 기업인들

화웨이華為의 런정페이任正非, 알리바바阿里巴巴의 마윈马云, BYD比亞迪의 왕촨푸王传福, 샤오미小米의 레이쥔雷军, 딥시크 창업자 량원펑梁文锋, 유니트리 창업자 왕싱싱王兴兴 등.

딥시크 딥쇼크

좌담회 영상을 보면서 이런 질문이 떠올랐다. '량원펑은 앞으로 제2의 런정페이가 될까? 아니면 제2의 마윈이 될까?' 중국에서 국가가 선택한 천재 기업인들은 언제나 런정페이와 마윈이란 갈림길에 놓이곤 한다. 충실하게 국가의 지시를 따르며 선봉장의 자리를 지킬지, 아니면 도살장에 끌려갈 가오로 본인의 뜻을 펼칠지 한번쯤 고민하게 되는 것이다.

량원펑은 현재로서는 '제2의 런정페이'가 될 가능성이 크다. 기술에 대한 그의 열정과 국가의 목표가 일치한 상황이기 때문이다. 당분간 중국은 '미국'이란 산을 넘어서는 일에 집중해야 하고, 량원펑은 AI 혁신이란 산을 넘고자 한다. 결국 같은 목표를 갖고 있다. 그는 과거 중국 매체와의 인터뷰에서 "미국과 중국의 격차는 독창성(미국)과 모방(중국) 사이에 있다" "중국은 (세계 기술 산업에서) 무임승차를 끝내야 한다"고 말했다. 이는 지난 5년간 몰아친 미국의 기술 제재를 돌파하고자 하는 중국 지도부의 마음을 대변하는 것이기도 하다. 량원펑의 다른 말들도 자세히 곱씹어 보면, 그가 국가 지도부와 '뇌'를 공유하고 있는 것은 아닌가 싶을 지경이다.

량원펑이 개척한 길 위에서 수많은 '제2의 딥시크'도 등장하고 있다. 이미 중국 AI 모델의 몸값은 천정부지로 오르고 있다. 가장 빨리 AI 모델 시장에 뛰어든 기업 중 하나인 즈푸는

28억 달러, 바이촨은 27억 달러, 미니맥스는 31억 달러의 기업 가치를 평가받고 있다.

당장 주목할 만한 제2의 딥시크는 문샷 AI와 유니트리가 꼽힌다. 2023년 3월에 설립된 문샷 AI의 창업자 양즈린은 장문長文 답변에 특화된 AI 모델 '키미'로 주목받았다. 틱톡 모회사, 바이트댄스의 AI 모델인 더우바오 등이 간결한 답변에 집중할 때, 200만 자 분량의 긴 글을 막힘없이 써내는 AI 모델을 선보인 것이다. 문샷 AI는 알리바바·텐센트 등 중국 IT 공룡들의 투자를 받았고, 기업 가치는 33억 달러(약 4조 8,100억 원)까지 치솟았다. 양즈린은 출시 1주년을 맞은 키미의 월간 활성 사용자 수MAU가 3,600만 명을 넘어섰다고 밝히기도 했다.

문샷 AI 창업자 양즈린은 광둥성 산터우시 출신으로, 량원펑(광둥성 우촨시 미리링촌)과 고향이 같다. 그러나 량원펑이 국내파라면, 양즈린은 해외파다. 양즈린은 칭화대학교를 졸업하고 미국 카네기멜론대학교에서 컴퓨터공학 박사학위를 취득했다. 이후 미국 구글의 딥러닝 AI 연구팀인 구글브레인에서 근무했고, 애플에서 최고 AI 전문가로 꼽히는 루슬란 살라쿠트디노프Ruslan Salakhutdinov AI 디렉터와 일하며 실력을 다졌다.

또 하나의 주목할 기업은 중국 휴머노이드 로봇의 선두주자인 유니트리Unitree·宇樹科技다. 미국의 챗GPT 출현 후 2년 동안 계속됐던 AI 모델 개발 경쟁은 이제 휴머노이드 로봇(AI 기술을 접목한 사람 모습의 로봇) 경쟁으로 옮겨가고 있다. 30대 왕싱싱이 만든 이 기업은 중국에서 가장 주목받는 AI 로봇 기업이다. 유니트리가 보유한 휴머노이드 로봇은 H1과 G1 두 종류인데, H1(2023년 출시)은 중국 최초의 '달릴 수 있는 휴머노이드 로봇'이다.

자체 개발한 고성능 전동 모터와 센서 덕분에 정밀한 동작 수행이 가능해 물류 센터, 공장 등 다양한 작업에 투입되고 있다. 중국에서 본격적으로 휴머노이드 로봇 개발 시대를 열었다는 평가를 받는 제품이다. H1은 키 180센티미터, 무게 47킬로그램이고, 가격은 9만 달러(약 1억 3,000만 원)다. 2025년 춘절(설 명절)에 사람과 함께 춤을 추는 모습을 보여 세상을 놀라게 한 '로봇군무'의 주인공이 바로 H1이다. 반면, G1은 키가 127센티미터에 불과하고 무게도 35킬로그램이다. 2,000만 원이 채 안 되는 파격적인 가격에 판매되고 있다. 2016년에 설립된 유니트리는 4족 보행 로봇개를 자체 개발해 유명해진 회사이기도 하다. 세계 로봇개 시장 1위 기업으로, 점유율이 70%에 달한다. 로봇개 개발 노하우를 바탕으로 휴머노이드 로봇 시장에 뛰어든 이후, 낮은 가격을 내세우며 시장 점유율을 빠르게 높이는 중이다.

중국의 휴머노이드 로봇 산업은 산·학·연 연계가 원활해 생태계 확장 속도가 빠른데다, 자본 유입 규모가 커서 단기간에 '스타 기업'이 탄생하는 구조다. 유리한 산업 환경을 등에 업고 전기차 회사인 샤오펑, 베이징대학교·칭화대학교의 교내 벤처 등 의외의 플레이어들이 세계 최고 수준의 휴머노이드 로봇을 개발했고, 이제는 국산 AI 모델을 등에 업고 의료·서비스용 로봇에서 완전히 새로운 수준의 제품을 출시할 전망이다.

딥시크 딥쇼크

진정한 AI 빅뱅의 시대

도광양회韜光養晦(조용히 때를 기다리며 힘을 키운다)를 미덕으로 삼아온 중국은 어느 날 갑자기 비축해둔 힘을 자랑하는 '서프라이즈'를 선호한다. 미국이 중국을 무너뜨리고자 하는 첨단 기술 분야에서 중국은 오랫동안 칼을 갈아왔다. 그리고 2025년 딥시크라는 날카로운 칼을 미국에 들이대면서 미·중 테크전쟁의 새로운 막을 열었다.

결국 미국과 중국이 제대로 링 위에서 맞붙게 됐는데, 이 사실이 의미하는 바는 AI 기술 발전의 가속기가 왔다는 것이다. 전시 상황처럼 전 국민을 동원한 중국과 AI 패권을 지키기 위해 동맹국들을 규합하는 미국이 냉전 시대의 우주 경쟁처럼 향후 AI 전쟁을 치를 가능성이 높아졌다.

중국과 미국은 특히 첨단 기술의 핵심 분야인 범용 AI 구현을 놓고 속도전을 치를 수밖에 없다. 인간이 할 수 있는 모든 지적 작업을 할 수 있는 AI의 탄생이 앞당겨지게 됐다. 이 과정에서 앞으로 몇 년 동안 챗GPT와 딥시크를 비롯한 AI 모델들은 빠른 속도로 개선되어 세 살짜리 아이도 쉽게 쓸 정도로 성능이 향상되고, 거의 모든 가전 기기에 응용될 것이다. 고도화된 AI 모델을 이용한 수천 가지의 새로운 제품과 서비스도 쏟아진다. 이미 2025년을 AI가 본격적으로 실용화되는 전환기로 보는 연구도 많다. 포레스터리서치에 따르면 2025년 전 세계 기업의 70% 이상이 AI를 도입할 것으로 전망된다. 인터넷이 처음 등장했을 때 모든 사람들이 검색 방법을 배우고 이메일 계정을 만들었던 것처럼, 당분간 전 세계에서 AI 사용법 학습 열풍이 불 전망이다.

기존에는 미국이 만든 틀에서 공정을 최적화하는 데 전 세계 기업들이 초점을 맞췄다면, 중국이 이 틀에 도전하면서 파괴적인 혁신을 이뤄내는 기업들이 급증할 것으로 보인다. 딥시크가 '하드웨어 파워'로 대표되는 미국의 기술 혁신에 의문을 제기하며 '소프트웨어 파워'로 돌파구를 만든 것처럼 말이다.

첨단 기술 역량을 강화한 중국은 미국과 분리된 새로운 세계를 구축하는 데 박차를 가하게 된다. 이미 중국은 수많은 기술 산업에서 미국에 대항하는 '중국 표준'을 만들어나가고 있다. 중국의 베이더우(중국의 위성항법 시스템)와 미국의 GPS, 중국의 톈궁(우주정거장)과 미국의 ISS, 중국의 위챗페이(모바일결제)와 미국의 비자카드를 떠올려 보라. 향후 중국이 주도하는 진영과 미국이 이끄는 세계는 확연히 다른 기술 개발, 적용, 활용 규칙을 갖게 될 것이고, 각국은 모든 상품과 서비스를 '미국 버전'과 '중국 버전'으로 나눠서 제작하게 될 공산이 크다.

우려되는 것은 세계 양대 국가가 AI를 갖고 경쟁을 벌이면서 안보에 위기가 닥칠 수 있다는 점이다. 무분별한 AI 개발과 한계 없는 상용화가 이뤄지면 AI는 그 무엇보다 위험한 무기가 될 것이다. 이에 대해서는 AI 연구의 기초를 닦은 이들도 일찍 감치 경고한 바 있다. '딥러닝의 아버지' 제프리 힌턴Geoffrey Everest Hinton 토론토대학교 교수는 "AI가 통제 불능 상태가 될 수 있는 위협에 대해 우려한다"고 했다. AI 학습의 기본이 되는 연관 기억의 원리를 인공 신경망 연구에 접목한 존 홉필드John Joseph Hopfield 프린스턴대학교 교수는 AI가 "통제할 수 없고 한계를 파악할 수 없는 것에 큰 불안함을 느낀다"고 말했다.

국가가 지키는 기업

선제적으로 딥시크 앱 다운로드를 전면 차단한 국가는 이탈리아와 한국이었다. 2025년 1월 30일, 도널드 트럼프 미국 대통령과 긴밀한 관계인 극우 정당이 이끄는 이탈리아가 전 세계에서 가장 먼저 딥시크를 막았다. 그 다음 주자가 한국이었다. 이탈리아는 2023년 3월 오픈AI의 챗GPT를 차단했다가 한 달 뒤 풀어준 전례가 있는 나라[21]지만, 한국은 해외 AI 서비스에 관대했던 터라 이 같은 조치는 더욱 파장이 컸다.

한국 개인정보보호위원회는 2025년 2월 17일 "딥시크 사용자 정보가 (틱톡 모회사인) 바이트댄스로 넘어간 것이 확인됐다"며 "딥시크가 개인정보보호법상 미흡한 부분을 인정해 15일부터 앱 신규 다운로드를 중단했다"고 밝혔다. 한국 내 애플, 구글 등의 앱 장터에서 딥시크 AI 모델의 신규 앱 다운로드는 무기한 차단됐다. 당시 한국의 딥시크 앱 주간 사용자는 121만 명(1월 말 기준)으로 챗GPT(493만 명) 다음으로 많았다.

개인정보위는 딥시크가 2025년 1월 20일 최신 AI 모델 R1을 출시한 직후 개인정보 처리 방침, 이용 약관 등 주요 보안 정책을 검토하고 서비스 사용 시 전송되는 데이터와 트래픽(접속량)에 대한 기술 분석을 했다고 밝혔다. 이 과정에서 딥시크의 인터넷 접속 기록을 근거로 사용자 정보가 바이트댄스로 넘어가고 있다는 사실을 확인했다. 다만 딥시크가 바이트댄스에 어떤 정보를 얼마나 많이 넘겼는지는 확인되지 않았다.[22]

그런데 한국이 차단 조치를 발표하자 중국 정부가 즉각적으로 반응했다. 궈자쿤 중국 외교부 대변인은 같은 날 오후 정례 브리핑에서 "중국 정부는 일관되게 중국 기업에 현지 법규를 엄격히 준수할 것을 요구해왔다"며 "(한국 등) 관련 국가가 경제·무역·과학기술 문제를 안보화·정치화泛安全化, 政治化하지 않길 바란다"고 말했다.[23]

중국 정부가 해외 사업을 벌이는 자국 기업을 대변할 수는 있지만, 이토록 빠르게 대응하여 입장을 내놓는 경우는 드물다. 딥시크가 '국가가 지키는 기업'이란 사실을 간접적으로 보여준 셈이다. 중국 매체들도 일제히 한국 비난에 나섰다. 중국 관영《환구시보》는 "한국이 소위 '데이터 수집 우려'를 이유로 딥시크를 차단했다"면서 "중국 측은 자국 기업의 합법적인 권리를 결연하게 수호할 것"이라고 보도했다. 중국 IT 매체《자커ZAKER》는 "부러움을 받지 않는 자는 둔재不遭人妒是庸才"라면서 "과학기술 강국이라고 스스로를 칭하던 한국 등의 국가가 당혹스러운 감정을 드러냈다"고 썼다. 15만 명의 팔로워를 거느린 블로거 '다라오르즈쉬大佬日志说'는 "한국은 중국과 산업 경쟁을 벌이는 나라로서 중국의 AI 굴기에 대한 불안감이 크다. 한국 정부가 나서서 중국 기술 봉쇄를 했다는 것은 정치적 결정"이라고 적었다.

다른 나라보다 한 발 빨랐던 '딥시크 차단' 조치에 대해 국내에서 갑론을박이 있었지만, 딥시크의 데이터 수집이 일반적인 수준을 벗어났다는 점은 사실이다. 딥시크 앱을 깔아 사용하게 되면, 사용자의 생년월일·이름·이메일 주소는 물론이고 입력하는 문구·음성·사진·파일 등의 데이터가 넘어간다. 다만 여기까지는 챗GPT·제미나이 등 미국 AI 모델도 긁어모으는 데이터 범주에 속한다.

문제는 키보드 입력 패턴keystroke patterns까지 한동안 무차별적으로 수집했다는 것이다. '입력 패턴'이 대수롭지 않아 보일 수도 있지만, 사실상 이것은 '디지털 지문'과 같다. 입력 패턴을 통해 특정 개인이 앱에서 어떤 작업을 했는지 파악할 수 있을 뿐만 아니라, 개인정보와 결합될 경우 심각한 사생활 침해로 이어질 수 있다. 딥시크는 논란이 커지자 2월 14일 개인정보 처리 방침을 업데이트하고 사용자의 키보드 입력 패턴 등 일부 정보의 수집을 중단하겠다고 밝혔다.[24]

딥시크가 미국 AI보다 위험한 이유

(1) 과도한 개인 정보 수집

(2) 중국 서버에 정보 저장

(3) 정보 수집 동의 절차 생략

딥시크는 정보 수집을 위한 동의 절차도 최소화했다. 한국의 개인정보보호법은 제3자에게 사용자의 개인정보를 제공하기 위해서는 별도의 동의를 받고 어떤 정보를 어느 기간 동안 보관할지를 알려야 하지만, 딥시크는 바이트댄스에 정보를 전송하면서 사용자에게 알리지 않았다. 또 '서비스 이용을 통해 수집된 정보를 광고 또는 분석 파트너와 공유할 수 있다'고 일방적으로 명시했다. 오픈AI의 챗GPT가 '광고를 위해 개인정보 판매 및 공유를 하지 않는다'고 알리는 것과 상반된다.

더구나 딥시크는 긁어모은 사용자 정보를 전부 중국 내 서버에 저장한다. 이 사실이 우려되는 이유는 중국에서는 정부가 국가 안보를 이유로 기업에 데이터를 요구하면 지체 없이 제공해야 하기 때문이다. 중국 국가정보법에서는 "중국의 모든 조직과 국민은 국가의 정보 활동을 지지·지원·협력해야 한다"고 규정하고 있다.

한편 미국에서도 AI로 인한 개인정보 유출 우려는 커지고 있다. 2025년 2월 17일 일론 머스크 테슬라 최고경영자는 자신 소유의 AI 스타트업 'xAI'의 최신 모델 '그록Grok3' 공개 행사에 나타나 "그록3는 전작에 비해 10배는 유능해진 AI 모델"이라고 자랑했다. 그러나 이 발표 직후 전 세계 소셜미디어에서는 환호

세계 각국의 딥시크 제한 조치

한국, 이탈리아	- 딥시크 앱 다운로드 전면 차단
미국	- 국방부, 미항공우주국NASA 이용 금지 - 연방의회, 딥시크 사용 금지법 발의
일본	- 일부 지방정부 딥시크 이용 금지 - 공무원 이용 자제 권고
영국	- 통신과 보안 관련 위험 요인 조사
호주	- 정부 기관 딥시크 이용 금지

딥시크 딥쇼크

성 대신 개인정보 유출을 우려하는 목소리가 터져 나왔다. 머스크는 월 3억 명이 넘는 X 사용자들의 데이터를 마음껏 활용하는 것으로 알려졌는데, 얼마나 많은 사용자 데이터를 어떤 방식으로 AI 학습에 쓰고 있는지 공개하지 않고 있다. 최근엔 자사 AI 사용자들에게 민감한 개인 의료 기록을 AI에 입력하도록 권해 논란을 낳기도 했다.

데이터가 많을수록 성능이 고도화되는 AI의 특성상 전 세계적으로 데이터 수집 광풍이 불고 있는 것도 사실이다. AI 모델은 텍스트뿐 아니라 음성·이미지까지 다루면서 데이터 종류를 가리지 않고 집어삼킨다. 과거에는 개인 신상, 검색 기록 정도가 수집 대상이었다면, 지금은 소셜미디어와 스마트폰 앱에 남긴 사진·영상까지 무차별적으로 모으고 있다.

더 큰 우려는 AI의 군사 목적 이용이다. AI로 군사 데이터를 분석해 작전 수립 등을 돕는 방산 기업, 팔란티어의 샴 산카르 최고기술책임자CTO는 "(딥시크의 등장으로 얻을 수 있는) 진짜 교훈은 중국과 우리가 전쟁 중이며 AI 군비 경쟁이 한창 진행 중이라는 점"이라고 말했다. 구글 딥마인드 CEO이자 인공지능 연구의 선구자인 데미스 하사비스의 "인류에게 도움이 되는 책임감 있는 AI를 구축하자"는 구호는 벌써 역사 속으로 사라지고 있는지도 모른다.

AI 공룡들의 데이터 전쟁

딥시크가 왜 경쟁사인 바이트댄스에게 데이터를 전송했는지가 가장 큰 의문이다. 바이트댄스는 세계적으로 15억 명의 이용자를 보유한 짧은 동영상 플랫폼 틱톡의 모회사인 동시에, 딥시크의 최대 경쟁자인 '더우바오'를 보유한 회사다. 중국에서는 '더우바오 vs. 딥시크'라는 AI 경쟁 구도가 고착화되고 있는데, 딥시크는 왜 발목을 잡아도 모자랄 경쟁사에게 데이터를 떼어준 것일까?

베이징에서 만난 테크 업계 관계자들로부터 "딥시크가 바이트댄스의 클라우드를 이용하는 과정에서 사용자 데이터가 넘어갔을 것"이란 주장을 들을 수 있었다. 딥시크가 이용자 정보

딥시크 딥쇼크

를 클라우드에 저장하는 과정에서 바이트댄스로 정보가 흘러 갔을 가능성이 있다는 것이다. 방대한 데이터를 학습하고 추론 하는 AI는 빅테크의 클라우드 안에서 구동되는데, 딥시크와 손 잡은 클라우드 업체 중에 바이트댄스 산하 업체가 있는 것은 사 실이다. 그러나 바이트댄스 외에도 알리바바, 화웨이, 텐센트 등 대부분의 중국 클라우드 업체들이 딥시크를 도입하고 있지 만 이들에게 정보가 넘어간 정황은 발견되지 않았다.

바이트댄스가 딥시크의 키보드 입력 패턴 수집을 지원한 것 이 아닐까 추정해본다. 바이트댄스가 보유한 틱톡이 바로 이 정 보를 수집하는 대표적인 앱이기 때문이다.[25] 틱톡은 홈페이지 에서 "사용자의 키보드 입력 패턴 또는 리듬을 수집하고 있다" 고 명시하고 있고, 이에 대해 "키를 누르는 타이밍을 구체적으 로 포착하는 것"이라고 설명한 적이 있다.[26] 구글에서 엔지니어 로 일했던 펠릭스 크라우스Felix Krause는 "틱톡 앱에서 링크를 클 릭해 다른 사이트를 이용할 경우에도 입력 정보가 모두 수집된 다"고 경고했다.[27] 틱톡의 정책 책임자인 마이클 벡커만Michael Beckerman도 2021년 7월 CNN과의 인터뷰에서 틱톡이 사기 피해 방지를 목적으로 자주 입력하는 단어 등 키보드 패턴을 모니터 링하고 있다고 인정했다.[28]

그러므로 바이트댄스도 당연히 사용자의 키보드 입력 패턴 정보를 수집하고 처리하는 데 특화된 노하우를 갖고 있을 것이다. 그렇다면 딥시크가 이 정보를 수집하기로 마음먹었을 때, 바이트댄스의 서비스를 이용하는 방안을 우선적으로 고려하지 않았을까. 물론 한국 IT 업계에서는 바이트댄스로 흘러간 딥시크의 데이터가 로그인 지원을 위한 정보 등에 불과할 것이라고 보는 시각도 많다.

데이터에 목마른 딥시크는 한국뿐 아니라 서구권에서도 정보 유출 논란을 키우고 있었다. 북미 사이버 보안 업체 페루트 시큐리티는 딥시크의 코드를 해독한 결과 중국 국영 통신사인 차이나모바일에 사용자 정보를 전송하는 기능이 숨겨져 있었다고 밝혔다.[29] 딥시크는 유럽에서 거센 정보 유출 우려에 직면하자 '개인 데이터를 법률에서 허용하는 범위 내에서만 사용한다'는 추가 내용을 현지 약관에 넣기도 했다. 그러나 유럽에서 수집한 데이터는 여전히 중국 서버에 보관된다.

이러한 논란 속에 중국과 첨단 기술 전쟁을 벌이는 미국은 '딥시크 밴Ban' 현상을 주도하고 있다. 미국 연방 하원은 2025년 2월 6일 정부기관의 모든 전자기기에서 딥시크를 사용하지 못하도록 규제하는 법안을 발의했다. 미 국방부와 의회 등 일부 기관에 국한됐던 '딥시크 금지령'을 정부 전체로 확대하겠다는 것이다. 앞서 2025년 1월 28일 미국 해군이 장병들에게 딥시크 이용 금지령을 내렸고, 같은 달 31일에는 미국우주항공국NASA의 최고 AI 책임자가 전 직원에 메모를 보내 "딥시크에 대한 국가 안보와 개인정보 보호에 대한 우려가 제기되고 있다"며 사용 금지를 권고했다.[30] 이탈리아는 가장 먼저 미국의 딥시크 봉쇄 신호에 호응하며 세계 최초로 앱 다운로드를 전면 차단했으며, 2월 4일에는 미국의 우방인 호주가 정부 기관의 딥시크 사용을 금지했다. 일본도 공무원의 딥시크 이용 자제를 권고했다.[31] 프랑스, 독일, 영국 또한 "국가 안보 차원에서 딥시크 문제를 검토 중"이라는 입장을 밝힌 상황이다. 2018년 미국 주도로 일어난 '화웨이 보이콧' 이후 서구권에서 또다시 광범위한 중국 기술 보이콧 현상이 일어나고 있다.

21세기 AI 실크로드

자유진영 국가들이 딥시크를 겨냥해 개인 정보 탈취 의혹을 제기하는 동안 개발도상국과 비非서구권에서는 'AI 실크로드'가 개척되고 있었다. 중국이 인프라 투자를 미끼로 영향력을 확대했던 일대일로一帶一路(육상·해상 실크로드) 사업이 새로운 '무기'를 찾은 것이다.

우크라이나 전쟁으로 세계에서 소외된 러시아는 딥시크를 열렬히 환영하고 있다. 중국과 마찬가지로 미국 AI 반도체를 사용할 수 없었던 러시아는 국가 차원에서 중국과 'AI 동맹'을 맺고자 한다. 2025년 2월 6일, 러시아 최대 은행인 스베르방크는 "딥시크의 전략에서 배우겠다"면서 중국 연구원들과 AI 개발

딥시크로 갈라진 세계

	반대파		찬성파
미국	정부기관의 딥시크 사용 금지법 발의	중국	기업 총동원해 딥시크 지원사격
한국	딥시크 앱 다운로드 전면 차단	러시아	최대 은행 스베르방크, 중국과 AI 공동 개발
이탈리아	세계 최초로 딥시크 앱 전면 차단	인도	정부가 자국 서버에 딥시크 연결 허용
일본	공무원 딥시크 이용 자제 권고	인도네시아	딥시크를 '디지털 생태계 대안'으로 규정
영국	보안 위험 조사 착수	말레이시아	부총리 "딥시크 AI 도입 장벽 낮춰"
호주	정부기관 딥시크 이용 금지	남아프리카 공화국	딥시크 통해 아프리카 AI 혁신 추진

프로젝트를 추진할 계획이라고 밝혔다.[32] AI 개발에 고가의 반도체가 필요한 탓에 투자를 망설여왔던 인도는 저사양 반도체로 개발된 딥시크에서 새로운 산업 기회를 발견했다. 아슈위니 바이슈나우 인도 정보통신부 장관은 1월 30일 인도 서버에 딥시크를 연결하는 것을 허용한다고 선언했다.

중국의 영향력이 큰 동남아에서도 딥시크를 응원하는 목소리가 크다. 2월 13일, 중국 기술 기업들이 대거 진출한 말레이시아에서는 파딜라 유소프 부총리가 "딥시크가 AI 도입 장벽을 낮춰준 덕분에 중소기업들의 AI 도입에 새로운 기회가 열렸다"[33]고 공개적으로 발언했다. 또한 네자르 파트리아 인도네시아 통신·디지털부 장관은 "딥시크의 기술을 인도네시아에서 최적으로 활용하는 방법을 연구하고 있다. 딥시크가 인도네시아 디지털 생태계의 대안이 될 수 있는지 평가하겠다"고 말했다.

중국 '일대일로' 사업의 핵심 공략 대상이자 왕이 외교부장(장관)의 해외 순방 1순위 지역인 아프리카는 딥시크를 저항 없이 받아들인다. 남아프리카공화국·나이지리아 등 AI 산업이 낙후된 국가에서는 이미 딥시크 활용 움직임이 관측되고 있다.[34]

중국이 글로벌사우스를 '딥시크 영향권'으로 삼으면 미국에 맞설 수 있는 AI 질서가 구축될지도 모른다. 딥시크가 낮은 비용으로 개발됐고, 누구나 따라할 수 있는 오픈소스 형태라는 점에서 개발도상국에게 새로운 AI 산업 진입 창구를 마련했기 때문이다. 일부 국가에서는 값비싼 반도체를 기반으로 첨단 AI 산업을 독점했던 미국이 '악인'으로, 오픈소스 AI를 들고 온 중국이 '은인'으로 그려지기도 한다. 뉴욕에 본사를 둔 남미 정세 분석 매체인 《아메리카스 쿼털리》는 "중국이 딥시크로 'AI 민주화'를 일으키며 자원이 부족한 나라가 적은 비용으로 AI 개발에 뛰어들 수 있도록 만든 것은 사실"이라면서도 "남미 국가들은 서구의 하드웨어(반도체) 우위를 벗어날 때 중국의 'AI 외교'를 경계해라"고 썼다.[35]

기회와 도전

량원펑의 이야기로 돌아가보면, 그의 인생은 중국 AI 산업 발전의 압축판이란 생각이 든다. 이공계 천재를 우대하는 나라에서 뛰어난 두뇌를 가진 그는 가난한 농촌을 빠져나올 수 있었다. 명문대학에서 운명처럼 학부는 반도체, 대학원은 알고리즘을 공부하며 AI 전문가로 성장했다. 미국이 중국의 AI 산업을 전방위로 봉쇄하기 전인 2020년까지 퀀트 투자회사를 설립해 각종 AI 모델을 실험하고, 천재 군단을 육성하며 기술 기반을 갖췄다. 그리고 중국이 AI 산업에서 고성능 반도체 부족으로 한계에 직면한 2023년, 다크호스처럼 나타나 국가에 딥시크를 안겼다.

딥시크 딥쇼크

중국이 AI 산업 육성을 위해 인재를 양성하고, AI 인프라를 갖추는 과정이 그의 인생 궤적에 완벽하게 녹아 있다. 그가 중국 1위의 퀀트 투자회사를 뒤로 하고 딥시크를 창업한 결정 또한 '기술 돌파'를 위한 국가 총동원 체제가 영향을 끼쳤다고 본다.

필자는 이 책에서 딥시크의 성공 비결에 대해 '천재와 국가의 콜라보'라고 일관되게 주장했다. 사회주의 국가가 산·학·연을 총동원해서 만든 '판' 위에 젊은 천재를 올렸고, 결국 지상 최고의 쇼가 펼쳐진 것이다. 14억 인구의 국가가 전 국민을 지휘해 구축한 토대 그리고 14억 인구 중에 가장 똑똑한 사람이 만났으니 프로젝트의 성공은 보장된 것이었다. 경직된 시스템을 고수하는 나라가 유연한 '천재 사용법'을 터득한 순간 기술 혁신은 그 속도와 깊이가 달라진다.

중국의 첨단 기술 혁신이 수확기에 이르면서 우리는 제2의 딥시크, 제3의 딥시크를 계속해서 만나게 됐다. 중국은 개척자가 됐고, 우리는 추격자로 전락하고 있는 암담한 현실이 펼쳐지고 있다.《손자병법》에서는 "물이 고정된 형태가 없듯이 병사를 기용함에 있어서도 정해진 방법이 없다^{兵無常勢, 水無常形}"라는 말이 나오는데, 중국의 용병술에 허를 찔린 느낌이다.

4년 뒤에는 기술 분야에서 중국의 위상이 더 높아질 수 있다. 트럼프 2기에서 중국이 목숨을 걸고 미국의 총공격을 막아 낸다면, 우리는 첨단 기술과 공급망을 갖추고 개발도상국 위주로 구성된 느슨한 동맹을 형성한 새로운 형태의 강국을 보게 될 것이다. 흥미롭게도 트럼프의 중국어 별명은 '촨젠궈'다. '촨川'은 트럼프를 뜻하고, '젠궈建国'는 '나라를 세운다'는 의미다. 트럼프의 압박으로 중국의 기술 자립이 오히려 빨라졌다고 보는 중국 사회의 인식을 드러내는 말이다.

그렇다면 한국은 어떻게 대응해야 할까? 중국과 기술 연구 보조를 맞춰야 한다고 본다. 중국에서 향후 기술 트렌드를 선도하고, 더 나아가 '기술 표준'을 바꾸는 일이 늘어날 것이기 때문이다. 중국 시장에 우리나라 기술 기업들이 거점을 두는 이유가 '시장 확대'가 아니라 '기술 협력'이 될 날이 멀지 않았다.

또 중국의 '국가와 천재의 콜라보'라는 전략을 참고해 우리만의 방식으로 적용할 필요가 있다. 우리나라에서도 천재를 조기에 선발해 체계적으로 기르고, 이공계 인재풀 자체를 넓히며, 검증된 천재가 활약할 수 있는 무대를 보장해야 한다. 앞으로의 시대는 한 명의 천재가 나라를 먹여 살리는 세상이 될 수 있기 때문이다. 정부는 대규모 선행 투자가 수반되어야 하는 AI, 반도체 등 첨단 기술산업에서 천재 스타트업들을 발굴하고 지지해야 한다. 설립 초기에 과감하게 자본을 넣고, 이후에는 내수

딥시크 딥쇼크

시장 개척까지 나서서 도와줘도 된다. 규제는 섬세하게, AI 반도체 지원 등 돈이 드는 것은 파격적으로 하면 좋다. 전 국민이 첨단기술 확보가 최우선 과제라고 인식하면, 자연스럽게 AI 반도체 생태계가 빠르게 확장될 것이다.

어쨌든 치고 올라오는 중국에 맞서서 독자적인 기술, 앞선 기술을 획득해야 한다. 우리만의 AI, 반도체 첨단 기술을 갖고 있지 않으면, 해외 업체와 대등하게 협력할 수 없고 타국의 갑질에 속수무책으로 당하게 된다. 한국이 미·중 첨단 기술전쟁의 현실을 직시하고, 급속도로 변화하는 기술 판도에서 소외되는 일이 없어야 할 것이다.

에필로그

■■

당신의 질문에 답한다

Q. 딥시크는 왜 실리콘밸리를 놀라게 했나?

중국 스타트업 딥시크가 미국의 전방위 기술 봉쇄 속에서 저사양 반도체로 고성능 AI 모델 'R1' 'V3'를 만들었기 때문이다. 중국에서는 철로 금관을 만든 격이라고 흥분한다. AI 모델을 여러 전문 분야로 쪼갠 다음 훈련시켜 연산 부담(반도체 사용량)을 크게 줄였고, 통문장 독해법MLA과 간단한 답(8비트)과 정밀한 답(32비트)을 오가는 '힘 조절' 전략도 효과를 보았다. 한마디로 훈련 과정을 단순화하고, 자원을 최대로 사용하여 오픈AI에 필적하는 결과물을 냈다. 미국 테크 기업들이 천문학적인 돈을 투자하면서 후발주자에게 심어준 공포감도 해소됐다.

Q. 중국 정부는 딥시크에 대해 얼마나 알고 있었는가?

중국 정부는 딥시크에 대해 매우 잘 알고 있었고, 더 나아가 키워주고 있었다고 본다. 딥시크가 세계적인 주목을 받기 전인 2025년 1월 20일에 창업자 량원펑과 리창 중국 총리가 가진 공개 만남이 이러한 주장을 뒷받침한다. 딥시크가 회사 설립 계획을 발표한 2023년 4월은 중국의 기술혁신 사령탑인 중앙과학기술위원회中央科技委員會가 출범한 다음 달이고, 회사가 설립된 그해 7월은 중국 정부가 AI 모델(생성형 AI) 사업을 공식 지지한 때였다. 딥시크가 야심차게 출시한 두 AI 모델의 공개 시점은 각각 미국의 최대 명절인 크리스마스(2024년 12월 25일)와 도널드 트럼프 미국 대통령의 취임일(2025년 1월 20일)이었다. 중국의 작은 기술 기업이 국가의 부름을 받아 미·중 테크전쟁의 최전선에 서 있는 것처럼 보인다.

Q. 창업자인 량원펑은 왜 공개 정보가 거의 없는가?

그가 외부의 관심을 원치 않는 은둔형이기 때문이다. 량원펑은 2015년 환팡량화 설립 이후 3년 동안 동업자들을 외부에 내세워 존재를 감췄고, 집에서는 텐트를 치고 살 정도로 투자 기술 연구 외엔 무관심했다. 그러나 회사가 급격히 커진 2018년부터 대외 일정을 소화하게 됐고, 점차 이름이 알려졌다. 종종 투자업계 고위급 인사들과 친목을 다져온 것으로 알려져 있다. 딥시크 설립 직전에는 그가 대학원생 때 일했던 중견 IT회사의 사장을 찾아가 조언을 구하기도 했다고 한다.

Q. 량원펑은 어떻게 '국민의 역적'에서 '국민의 영웅'으로 부상했는가?

량원펑은 중국 1위 퀀트 투자 펀드 환팡량화를 운영하면서 '탐욕스러운 자본가'로 비난을 받았다. 그러다가 중국 당국의 금융 규제가 강화됐던 2021년 말, 돌연 펀드의 신규 투자 유치를 중단했고, 이듬해 대규모 익명 기부를 시작했다. 그가 다시 대중의 시야로 들어온 2023년에는 딥시크 수장이 되어 있었다.

Q. 량원펑이 2021년에 엔비디아 첨단 반도체 A100을 대량 확보한 이유는 무엇인가?

량원펑은 환팡량화의 AI 모델을 효과적으로 훈련시키기 위해 2016년부터 다양한 반도체를 구입해 실험했고, 엔비디아의 A100를 가장 높게 평가해 대량 구입했다고 한다. 그가 학부에서는 반도체, 석사에서는 알고리즘을 공부했다는 점을 떠올리면 첨단 반도체를 선제 구입한 결정이 쉽게 이해된다. 중국의 첨단 기술 기업 대부분은 2022년이 되어서야 비즈니스 수요에 의해 반도체 사재기에 나섰다. 량원펑이 미·중 경쟁의 흐름을 읽고 있었다면, 미국의 대중국 반도체 규제가 장비에서 AI 반도체로 넘어갈 것이란 것도 충분히 예상했을 것이다.

Q. 딥시크는 오픈소스로 AI 모델을 공개했다고 하는데 수익모델은 무엇인가?

딥시크는 일반 이용자 대상으로는 AI 모델을 무료로 제공하지만, 기업을 상대로는 사용료를 받는다. 금액도 빠르게 인상 중이다. 딥시크는 2025년 2월 8일부터 딥시크 API(응용프로그램 인터페이스)의 할인이 끝났다면서 기존의 5배 가격인 100만 토큰당 0.07달러(입력)를 받는다고 밝혔다. API는 딥시크를 다른 프로그램에 접목해 사용할 수 있도록 한 기업용 서비스다. 딥시크의 개발 비용은 타 모델보다 저렴하지만, 서비스를 제공할 때 들어가는 추론 비용과 트래픽 비용은 여전히 크다. 이 때문에 향후 일반 이용자 대상으로도 요금을 받을 가능성도 배제할 수 없다. 딥시크의 이용자는 1억 명이 넘는다. 다만 량원펑은 중국 매체 인터뷰에서 여러 차례 상업화나 돈에 신경 쓰지 않는다고 밝혔다.

Q. 딥시크를 쓰면 내 개인정보는 안전한가?

딥시크의 약관을 보면 사용자의 생년월일, 이름, 이메일, IP 주소 같은 개인정보는 물론이고 사용자가 입력하는 글귀, 음성, 사진, 파일 등 데이터를 수집한다. 물론 이는 챗GPT·제미나이 같은 다른 AI도 수집하는 정보다. 다만 딥시크는 더 나아가 개인 식별을 위해 키보드 입력 패턴 정보까지 수집한다. 사람들이 스마트폰 키보드로 문자를 입력할 때, 타자 속도와 리듬이 모두 다른데 이를 수집해 분석하면 개인을 특정할 수 있고, 경우에 따라 비밀번호를 추론하는 데 사용될 수 있다. 딥시크는 다른 AI 모델과 달리 사용자에게 정보 수집 거부 권한(옵트 아웃)을 허용하지 않고 있다. 또 사용자 정보를 전부 중국 내 서버에 저장하고, 광고 목적 등으로 제3자에게 정보를 넘길 수 있다는 조항을 넣었다. 현재 중국은 데이터 보안법을 통해 정부가 국가 안보를 이유로 기업에 데이터를 요구하면 이를 지체 없이 제공해야 한다.

Q. 딥시크는 자사 모델을 사용 금지한 국가가 이렇게 많을 것이라고 예상했는가?

딥시크는 AI 모델이 흥행하면 그 다음 수순은 미국의 제재라는 점을 예상했을 것이다. 미국 시장 점유율이 높아졌을 때

틱톡과 화웨이가 제재를 받은 전례가 있기 때문이다. 그러나 전 세계로 확산하는 '접속 차단' 움직임에는 민감하게 반응하고 있다. 딥시크는 2025년 2월 6일 "최근 딥시크와 관련된 일부 위조 계정과 근거 없는 정보가 대중을 오도하고 혼란을 초래하고 있다"고 고지했다.

Q. 량원펑의 최종 목표는 무엇인가?

사람 수준에서 스스로 추론하며 발전하는 범용 AI(AGI) 개발 그리고 중국 첨단 기술 산업의 혁신을 이끄는 선두 기업으로 자리매김하는 것이다.

Q. 중국의 AI 발전 과정은 어떻게 진행되었는가?

중국의 AI 산업 발전은 'BU(미국 규제 이전)'와 'AU(미국 규제 이후)'로 나뉜다. 2017년 AI를 핵심 국가 기술로 지정한 이후부터 2020년 미국의 대중국 기술 봉쇄가 본격화되기 전까지는 산업 육성을 위한 넓은 기초 작업에 매진했다. 이때 국가 자원을 총동원해 대규모 자금을 투입하고 천재들을 키웠다. 미국의 전면 압박이 시작된 이후 5년 동안은 천재 기업들을 송곳처럼 깎아서 봉쇄망에 구멍을 냈다. 2023년 반도체 장비 규제를 뚫고 구형 장비로 첨단 칩을 만들어냈고(화웨이와 SMIC의 7나노 칩),

2024년에는 고사양 반도체의 국산화(CXMT의 DDR5)를 일부 이뤄냈다. 그리고 2025년 미국 오픈AI에 대항하는 고성능 AI 모델 딥시크 R1이 탄생했다. 게다가 중국 AI 생태계는 미국 생태계보다 내부적으로 더 개방적이다.

Q. 중국이 미국의 AI 기술을 넘어설 가능성은 있는가?

양국의 AI 기술 격차는 여전히 상당하지만, 중국이 돌파할 방법을 찾아냈으니 시간이 지날수록 미국과 대등해지거나 넘어설 가능성도 있다. 중국은 AI 발전 과정에서 미국의 기술 패러다임을 뒤집거나 대체재를 찾은 경우가 많고, 독자적인 첨단 기술 생태계 마련에도 성공했다는 평가를 받고 있다. 그러나 고성능 AI 반도체를 독자적으로 확보하지 못했고, 실리콘밸리의 자본과 기술은 여전히 거대한 장벽이다.

DEEPSEEK
DEEPSHOCK

량원펑梁文锋이 걸어온 길

2008년: 대학원생 량원펑, 저장대학교 동문들과 팀 꾸려 퀀트 트레이딩 연구

2013년: 저장대학교 동문들과 손잡고 항저우 '야커비투자회사' 공동 설립

2015년: 항저우에서 퀀트 투자회사 '환팡량화' 설립

2016년: 환팡량화의 첫 AI 모델 도입, 퀀트 투자의 AI 전환 실현

2018년: 환팡량화, 'AI 중심 성장 전략' 공식화

2019년: 량원펑, 투자용 AI의 성능 향상 위해 '잉훠 1호萤火一号' 수퍼컴퓨터 개발

  AI 기초연구 담당하는 별도 회사 '환팡AI' 설립

2020년: 잉훠 1호 가동, 4만 대의 개인용 컴퓨터에 필적하는 연산 능력 보유

2021년: 환팡량화, '잉훠 2호萤火二号' 수퍼컴퓨터 구축(엔비디아 A100 반도체

  1만 개 탑재)

딥시크 딥쇼크

중국 퀀트 투자회사 최초로 운용 자금 1,000억 위안 돌파

손실 확대로 사과문 올리고, 자금 유입 중단

2022년: 량원펑, 익명으로 거액 기부

2023년: AI 스타트업 '딥시크' 설립, AI 모델(생성형 AI) 연구 본격화

2024년: AI 모델 'V2'(5월)와 'V3'(12월) 출시하며 'AI 업계의 테무'로 등극

2025년: 1월 20일 최신 AI 모델 'R1' 공개. 좌담회에서 리창 총리와의 만남

1월 27일 '딥시크 쇼크'로 미국 증시 급락

2월 17일 민영기업 심포지엄에서 시진핑 주석과 만남

주

■■

Part 1 · 량원펑과 천재군단

1 "DeepSeek claims its 'reasoning' model beats OpenAI's o1 on certain benchmarks", techcrunch, 2025.01.27.

2 "대형 AI 모델서 데이터 뽑아 학습… 비용 18분의 1로 줄였다", 조선일보, 2025.02.06.

3 "量化巨头幻方创始人梁文锋参加总理座谈会并发言，他还创办了AI界拼多多", 澎湃新闻, 2025.01.23.

4 "일부 대학교 2002년 가오카오 커트라인과 합격자 종합", 인민망(網), 2002.08.10.

5 당시 중국에서는 한국의 'SKY'처럼 베이징대학교, 칭화대학교, 저장대학교를 3대 명문대로 묶어서 불렀다.

6 기자와 만난 량원펑의 지인은 량원펑의 직계 가족 정보가 세간에 알려지면 그들의 안전과 사생활이 위협받을 것을 우려했다.

7 류궈밍, 《중국국민당백년인물전서》, 단결출판사, 2005.

8 梁文锋, 项志宇, 基于低成本PTZ摄像机的目标跟踪算法研究, 浙江大学学报, 2011.

9　沪深300股票指数期货合约16日在中金所正式上市, 新华社, 2010.04.16.

10　"DeepSeek 创始人梁文锋赚的第一桶金来自股市", 临界确认高周转tz, 2025.02.02.

11　企查查(중국 기업 정보 시스템), 량원펑 지분 보유 회사 정보 페이지

12　"Z人物, 我见过的梁文锋', 浙大校友创业观察, 2025.02.07.

13　원문에서는 '25%'라고만 되어 있는데, 당시 사모펀드 업계의 일반적인 기준을 보면 '25%p'가 더 맞다고 본다.

14　一名程序员眼里中国量化投资的未来, 梁文锋, 2019.08.

15　위리리, 폭주하는 환팡량화: 은둔형 AI 거물의 거대 모델 탐구의 길, 웨이브스, 2023.05.23.

16　How China's Semiconductor Industry Is Adapting to U.S. Trade Restrictions, DOMINO THEORY, 2024.09.

17　DeepSeek为何能震动全球AI圈, 澎湃新闻, 2025.01.22.

18　《关于幻方近期业绩的说明》, 幻方量化微信公众号, 2021.12.28.

19　中国证券投资基金业协会, 《关于适用中国证监会<关于加强私募投资基金监管的若干规定>有关事项的通知》, 2021.01.26

20　金融反腐重磅出击, 今年通报65起反腐动态, 银行占比超8成, 保险掀千层浪, 时代周报, 2023.08.09.

21　老将失意、前五强年收益超30% 28家量化私募巨头哪家强？, 界面新闻, 2022.01.04.

22　国内一私募员工捐款 1.38 亿火了! 单笔高达 2400 万：网友纷纷猜测身份, 市场资讯, 2023.02.13.

23　Top China hedge fund High Flyer Quant suspends co-founder, cites reputational hit from family matter, SCMP, 2023.10.27.

24　위리리, 폭주하는 환팡량화: 은둔형 AI 거물의 거대 모델 탐구의 길, 웨이브스, 2023.05.23. / 疯狂的幻方: 一家隐形AI巨头的大模型之路, 暗涌, 2023.05.23.

25　DeepSeek概念, 盈利能力最强的6家公司, 兰板套利, 2025.02.07.

26　위리리, 폭주하는 환팡량화: 은둔형 AI 거물의 거대 모델 탐구의 길, 웨이브스, 2023.05.23.

27　AI届的拼多多来了! 能力媲美GPT-4, 价格为其1%, 华尔街见闻, 2025.05.08.

28　DeepSeek's new AI model appears to be one of the best 'open' challengers yet, techcrunch, 2024.12.26.

29 위리리, 딥시크의 비밀 공개: 더욱 극적인 중국 기술 이상주의 이야기, 웨이브스, 2024.07.17. / 揭秘DeepSeek:一个更极致的中国技术理想主义故事, 暗涌, 2024.07.17.

30 위리리, 딥시크의 비밀 공개: 더욱 극적인 중국 기술 이상주의 이야기, 웨이브스, 2024.07.17 / 揭秘DeepSeek:一个更极致的中国技术理想主义故事, 暗涌, 2024.07.17.

31 이 인터뷰에 대해 량원펑의 지인은 그가 서면으로 답했을 것이라며, 내용의 상당 부분이 정제된 것이라고 설명했다. 책에서는 필자가 중요하다고 생각하는 문답을 발췌한 다음 독자의 이해가 쉽도록 순서를 재배치했다.

32 揭秘DeepSeek背后团队! AI界新星! 梁文锋, 罗福莉, 潘梓正等在列, 私募排排网, 2025.02.11.

33 只招1%的天才，这家中国公司让硅谷难安, 凤凰网科技, 2025.01.26.

34 김상범,'딥시크 주역 53명 추적해보니…베이징대·MS 인턴 'AI 인재' 자급자족', 경향신문, 2025.02.04.

35 中国每年超500万STEM毕业生, 全球领先, 环球网, 2024.04.01.

36 年薪千万! 雷军亲自挖人! 95后AI"天才少女"履历曝光, 鲁中晨报, 2024.12.31.

37 딥시크 개발 주도 '천재 소녀'… 中 2030 우상 됐다, 조선일보, 2025.02.03.

38 위리리, 폭주하는 환팡량화: 은둔형 AI 거물의 거대 모델 탐구의 길, 웨이브스, 2023.05.23.

39 95后AI女杰罗福莉：从小城女孩到小米AI团队领军者, 她如何看淡"天才"标签?, 网界, 2024.12.31.

40 揭秘DeepSeek背后团队! AI界新星! 梁文锋, 罗福莉, 潘梓正等在列, 私募排排网, 2025.02.11.

41 경향신문은 2025년 1월 논문공개 사이트 '아카이브arXiv'에 올라온 '딥시크 R1: 강화 학습을 통한 대형언어모델LLM 추론 능력 강화'에 등재된 공동 저자 199명 가운데 링크드인 등에서 약력을 확인할 수 있는 53명의 학력을 확인했다.

42 세계 3대 AI학회 논문 상위 10곳 중 4곳이 중국… "美 위협하는 수준", 조선일보, 2025.01.10.

43 '딥시크 주역 53명 추적해보니… 베이징대·MS 인턴 'AI 인재' 자급자족', 경향신문, 2025.02.04.

44 위리리, 폭주하는 환팡량화: 은둔형 AI 거물의 거대 모델 탐구의 길, 웨이브스, 2023.

05.23.

<u>45</u>   Morgan Brown의 X 계정 morganb

<u>46</u>   幻方梁文锋刷屏 参加首场总理座谈会 他谈了什么?, 财联社, 2025.01.21.

Part 2·중국의 큰 그림

<u>1</u>   謝士華, 張靜. (2021). 白話體燕行錄《石湍燕記》評介. 동아문헌연구

<u>2</u>   박제가, '철(鐵)',《북학의》내편(1778), 안대회 역, 돌베개, 2013

<u>3</u>   중국 국무원 재정부 주도로 설립된 국영 반도체 육성 펀드로, 2014년 1기, 2019년 2기에 이어 2024년 5월 3기를 출범했다. 1기 대기금의 자본금은 987억 위안, 2기 대기금의 자본금은 2,041억 위안이다. 3기 대기금은 역대 최대 규모.

<u>4</u>   AI 반도체는 AI를 빠르게 계산하고 처리하는 반도체의 통칭이다. 데이터를 빠르게 주고받을 수 있는 메모리 반도체인 HBM(고대역폭 메모리)과 방대한 연산이 가능한 시스템 반도체인 GPU(그래픽 처리장치)를 포함하는 개념이다.

<u>5</u>   국가인공지능산업투자기금에는 3기 대기금의 자금이 일부 포함되지만, 민간 투자금의 비중이 훨씬 클 것으로 예상된다.

<u>6</u>   대표적인 사례는 알리바바의 AI 모델이 타오바오의 데이터를, 바이트댄스의 AI 모델이 더우인의 데이터를 이용한 것이다. 오픈AI는 딥시크가 자사의 데이터를 무단 도용해 AI를 개발했다는 의혹도 제기한다.

<u>7</u>   중국 정부가 엄격한 기준으로 추린 핵심 AI 기업은 201만 3,800개 중에 4,400개다. 이 기준을 적용해도 중국의 AI 기업 수는 미국(1만 5,000개)에 이어 세계에서 두 번째로 많다.

<u>8</u>   From Startups to Unicorns: Unlocking Growth Through Ecosystems, CKGSB, 2025.02.12.

<u>9</u>   미국 제재로 인해 첨단 반도체인 A100, H100의 중국 사용이 막히자 사양을 낮춰 별도 제작한 제품이다.

<u>10</u>   AI를 훈련시킬 때 연산 속도를 높여주는 용도의 반도체다.

<u>11</u>   DeepSeek research suggests Huawei's Ascend 910C delivers 60% of Nvidia H100 inference performance, tom's HARDWARE, 2025.02.02.

<u>12</u>   AI로 군사 데이터를 분석해 작전 수립 등을 돕는 '방산 기업'인 팔란티어의 샴 산카르 최

고기술책임자CTO는 "사실상 작은 섬나라나 다름없는 싱가포르의 AI 반도체(GPU) 판매량 증가를 보면, 그곳에서 중국이 미국의 제재를 회피하려는 시도가 이뤄졌음을 알 수 있다"고 말했다.

13   "我劝过梁文锋很多次, DeepSeek要融资", 华尔街见闻, 2025.02.13.

14   生成式人工智能应用发展报告, 中国互联网络信息中心, 2024.

15   The Global AI Talent Tracker 2.0, macropolo(시카고대 폴슨연구소 산하 싱크탱크), 2023.

16   "疯狂的幻方：一家隐形AI巨头的大模型之路", 暗涌, 2023.05.23.

17   "我劝过梁文锋很多次, DeepSeek要融资", 华尔街见闻, 2024.02.14.

18   국영 반도체산업 육성 펀드인 3기 대기금과 국가인공지능산업투자기금

19   中信证券：国产AI芯片支持DeepSeek的快速部署, 昇腾产业链龙头收益, 澎湃新闻, 2025.02.10.

20   "伪DeepSeek概念股"乱象丛生, 这些公司真正开展了合作, 金融界, 2025.02.10.

21   중국 대부분의 중학교는 입학시험을 치르지 않지만, 일부 민영 학교나 특별 전형을 운영하는 엘리트 학교의 경우 시험을 통해 입학생을 선발한다.

22   "취업난에 살 길은 명문대뿐" 中 수능 1342만명 혈투, 조선일보, 2024.06.07.

23   DeepSeek harnesses links with Chinese universities in talent war, timeshighereducation, 2025.01.31.

24   2024全国535所普通高校人工智能专业教育教学综合实力排行榜, 华算人工智能研究院, 2024.05.20.

25   《普通高等教育学科专业设置调整优化改革方案》的通知, 教高【2023】1号, 2023.02.21.

26   China is Fast Outpacing U.S. STEM PhD Growth, CSET, 2021.08.

27   베이징대 투링반·칭화대 야오반…中, 천재 뽑아 석학이 교육, 조선일보, 2025.02.06.

28   中 비평준화의 힘… 영재 조기 발굴, 기술 인재로 키운다, 조선일보, 2025.02.07.

29   How Innovative Is China in AI?, ITIF, 2024.08.26.

30   위리리, 딥시크의 비밀 공개: 더욱 극적인 중국 기술 이상주의 이야기, 웨이브스, 2024.07.17.

31   美와 기술전쟁 대비한 中 '애국 석학' 불러들인다, 조선일보, 2025.01.24.

32   Insight: China quietly recruits overseas chip talent as US tightens curbs, Reuters, 2023.09.25.

33 医生每月工资大概多少待遇怎么样，高三网，2024.02.19.

34 새벽 4시 베이징 인력시장, 절박한 '란웨이와' 몰려든다, 조선일보, 2024.09.04.

35 2024万人计划面向小语种专业的一带一路国家暑期研修班圆满结束, 西方语言文化学院, 2024.07.11.

36 Zhejiang places high hopes on top scientists, The Information Office of Zhejiang Provincial People's Government, 2020.10.12.

37 The Global AI Talent Tracker 2.0, macropolo(시카고대 폴슨연구소 산하 싱크탱크), 2023.

38 How Innovative Is China in AI?, ITIF, 2024.08.26.

39 Martin Beraja et al, "Government as Venture Capitalists in AI," National Bureau of Economic Research, July 2024.

40 〈한중 첨단산업 수출경쟁력 비교〉, 한국경제인협회, 2024.11.28.

41 Ngor Luong, Zachary Arnold, and Ben Murphy, "Understanding Chinese Government Guidance Funds," Center for Security and Emerging Technology (CSET), Georgetown University, March 2021.

42 Martin Beraja et al, "Government as Venture Capitalists in AI," National Bureau of Economic Research, July 2024.

43 生成式人工智能应用发展报告, 中国互联网络信息中心, 2024.

44 "Four start-ups lead China's race to match OpenAI's ChatGPT," Financial Times, May 3, 2024.

45 www.superclueai.com에서 4월과 6월 리스트를 조회할 수 있다.

46 From Startups to Unicorns: Unlocking Growth Through Ecosystems, CKGSB, 2025.02.12.

47 위리리, 딥시크의 비밀 공개: 더욱 극적인 중국 기술 이상주의 이야기, 웨이브스, 2024.07.17.

48 위리리, 폭주하는 환팡량화: 은둔형 AI 거물의 거대 모델 탐구의 길, 웨이브스, 2023.05.23.

49 위리리, 딥시크의 비밀 공개: 더욱 극적인 중국 기술 이상주의 이야기, 웨이브스, 2024.07.17.

50 특파원 리포트 사회주의 국가의 천재 사용법, 조선일보, 2025.02.04.

Part 3 · AI 패권전쟁

1 '征服市场的人', 작가 格里高利·祖克曼, 출판사 天津科学技术出版社, 2021.02.

2 딥시크나 챗GPT는 대화, 번역, 수학 문제 풀이 등 주어진 일을 잘 수행하는 '거대 AI 모델'이고, 'AGI'는 여기서 더 나아가 스스로 모든 걸 배우고 생각하는 AI다.

3 위리리, 딥시크의 비밀 공개: 더욱 극적인 중국 기술 이상주의 이야기, 웨이브스, 2024.07.17.

4 위리리, 딥시크의 비밀 공개: 더욱 극적인 중국 기술 이상주의 이야기, 웨이브스, 2024.07.17.

5 DeepSeek says its Janus Pro AI model beats rivals in image generation, Reuters, 2025.01.28.

6 疯狂的幻方：一家隐形AI巨头的大模型之路, 暗涌, 2023.05.23.

7 글로 남겨진 텍스트 데이터를 학습한 단일모달Uni-Modal과 대조되는 AI를 말한다.

8 자유 진영서 딥시크 금지령 확산… 日도 "공무원 이용 자제", 조선일보, 2025.02.07.

9 Three Observations, blog.samaltman.com, 2025.02.10.

10 올트먼·이재용·손정의 'AI 3국 동맹', 조선일보, 2025.02.05.

11 《中国新一代人工智能科技产业发展报告2024》중국신세대인공지능발전전략연구원 통계

12 Number of artificial intelligence (AI) companies in major economies worldwide in 2023, statista, 2024.09.16.

13 《2024全球数字经济白皮书》, 中国信通院, 2024.01.

14 Tencent testing DeepSeek to add China's hottest AI technology to its Weixin super app, SCMP, 2025.02.16.

15 당 주도 국가인 중국에서 '지도부'는 중국공산당 최고 권력자 7인(상무위원)을 지칭한다.

16 构建新发展格局, 习近平总书记这样战略布局, 求是网, 2020.09.23.

17 위리리, 딥시크의 비밀 공개: 더욱 극적인 중국 기술 이상주의 이야기, 웨이브스, 2024.07.17.

18 中서 '비밀 무기'로 키워지는 첨단 기업들…AI·드론 1위 모두 '非상장', 조선일보, 2025.01.19.

19 중국 태풍까지 얻어맞는 반도체… "한국, 日 몰아낼 때처럼 당할 것", 조선일보, 2025.02.12.

20 中, 첨단 D램도 양산… 삼성·하이닉스 턱밑 추격, 조선일보, 2024.12.19.

21 ChatGPT banned in Italy over privacy concerns, bbc, 2023.04.01.

22 한국 120만 쓰는 딥시크, 中에 개인정보 넘겼다, 조선일보, 2025.02.18.

23 外交部：希望有关国家避免将经贸科技问题泛安全化，政治化，新华社，2025.02.17.

24 딥시크, 논란의 '이용자 키보드 입력 패턴' 수집 철회, 조선일보, 2025.02.17.

25 TikTok collects a lot of data. But that's not the main reason officials say it's a security risk, CNN, 2023.03.24.

26 What DeepSeek knows about you — and why it matters, mashable SE Asia, 2025.01.29.

27 iOS Privacy: Announcing InAppBrowser.com - see what JavaScript commands get injected through an in-app browser, Felix Krause blog, 2022.08.18.

28 TikTok executive speaks to CNN about security concern claims, CNN, 2022.07.04.

29 Feroot Security Research Reveals DeepSeek AI's Hidden Data Pipeline to China. Feroot, 2025.02.05.

30 보안 우려에…전세계 '딥시크 사용 금지' 물결 일어, 조선일보, 2025.02.03.

31 DeepSeek banned from Australian government devices amid national security concerns, theguardian, 2025.02.04.

32 Russia's Sberbank plans joint AI research with China as DeepSeek leaps forward, Reuters, 2025.02.06.

33 DeepSeek Can Drive AI Adoption in Malaysia, Attracting Global Investors, bernama, 2025.02.13.

34 딥시크, 中정부 투자유치 검토… 'AI 일대일로' 첨병되나, 조선일보, 2025.02.21.

35 DeepSeek Reveals Latin America's AI Crossroads, americasquarterly, 2025.02.19.

량원평과 천재군단의 AI 전술,
미중 테크전쟁의 서막을 열다

딥시크 딥쇼크

초판 1쇄 발행 2025년 3월 10일

지은이 이벌찬
펴낸이 성의현
펴낸곳 미래의창

편집주간 김성옥
책임편집 정보라
디자인 공미향

출판 신고 2019년 10월 28일 제2019-000291호
주소 서울시 마포구 잔다리로 62-1 미래의창빌딩(서교동 376-15, 5층)
전화 070-8693-1719 **팩스** 0507-0301-1585
홈페이지 www.miraebook.co.kr
ISBN 979-11-93638-77-4 03320

※ 책값은 뒤표지에 표기되어 있습니다.

생각이 글이 되고, 글이 책이 되는 놀라운 경험. 미래의창과 함께라면 가능합니다.
책을 통해 여러분의 생각과 아이디어를 더 많은 사람들과 공유하시기 바랍니다.
투고메일 togo@miraebook.co.kr (홈페이지와 블로그에서 양식을 다운로드하세요)
제휴 및 기타 문의 ask@miraebook.co.kr